王朝時代の実像 15

倉本一宏【監修】

中世の王家と宮家

皇子たちの中世

松薗 斉 著

臨川書店

目次

序章　問題の所在

長い歴史のなかで、一見姿を変えていないように見えながら、新たな政治勢力の登場や社会の変化に伴って、ある意味柔軟に対応していく融通無碍な天皇制をいかに捉えるかについては、権力論や政治構造、支配イデオロギーだけではなく、さまざまな視角を必要とすることは言うまでもない。

これまでもさまざまな方向からアプローチされてきたが、ここでは特に宮家の問題から考えてみようと思う。宮家という用語は、古代から現代まで使用されており、その内実は時代によってさまざまであるが、中世（一二～一六世紀）を対象とする本書で使用する宮家は、世襲親王家（親王号を代々世襲する「家」）のことをいい、途中親王号を得られなかった者がいても、一応何世代かにわたって親王を出しえた「家」を宮家と考えておく。

親王号を得ることを一つの基準としている理由は次のような点である。ここで対象となる天皇の子孫（皇族）は、男系を基準とすると、当然のことながら代を重ねるたびに、皇位を受け継いでいる血筋（皇統）から血縁的に遠ざかり、皇位につく資格を喪失していくことになる。「～王」と名乗っていても、令制では五世を越えると皇親ではなくなるように、血統の希薄化は否応なく訪れるために、中世的な「家」が目指す永続性（永代）をもつことは不可能であるため、原理的には、ここでいう宮家は成立しないはずである。

ところが、南北朝期から室町期にかけて、後述するように始祖となる天皇から代を重ねても、親王号を得て宮を名乗る一族が現れてくる（常盤井宮や木寺宮、伏見宮など）。途中、親王号を失っていても、再び親王号を得て、ここでいう宮家となっていく系統もあり、血統的には、賜姓されて源氏となった一族とそれほど変わらないのに、宮家として認知されている訳である。

そのような宮家のうち、近世まで継続したのは、いわゆる伏見宮家だけであるが、元々私がこの問題に関心をもったのも、この伏見宮家がどのように創出されたかについて考える必要が生じたところからスタートしている。以前より、この伏見宮家の問題については、南北朝時代の観応の擾乱後の政治的混乱の中で起きた持明院統天皇家の分裂（崇光院流と後光厳院流）の問題から考えてきたが、どうもそれだけでは不十分であることに気づき、ここでいう中世という時代に生み出された宮家創出の原理とその歴史的背景から考えていく必要を実感して、それを本書で試みる予定である。

前述のように、皇位を受け継ぐ皇統の分枝、つまり皇位につけなかった皇子の子孫が、臣籍降下せずに何代か続いても、やがてそれは皇族としては見なされなくなってしまう。ただ、この皇位を受け継ぐことも、当然その血筋の中だけで完結するのではない。その地位が、遠く律令国家成立以前の大王にまでさかのぼる、日本列島に形成された国家体制の核となる王権の主催者たるものである以上、常にその王権に関わるさまざまな政治勢力の中で決められてきた訳で、天皇が自律的に決めることができたのは一度としてなかったといっても過言ではないであろう。皇位の資格者は、一応の原則はあるものの、それは厳密なものではなく、その基準は時の政治状況の中で揺れ動くものであり、中世という政治権力が複雑に分裂していた時代では、その傾向は特に大きかったように思われる。

また、中世において宮家を考える場合、常に皇位との関りだけを考える必要はないように思われる。もっと広範囲に中世天皇制を支える構造の一つとして見なした方がわかりやすいであろう。ここでは中世天皇制を支える構造を王家という表現で設定し、その中でこの宮家の問題を考えていきたいと思う。

王家という概念

この王家という概念については、早く黒田俊雄氏[1]によって、国王・帝王とともに中世天皇制の三つの基本的な側面として取り上げられ、特に氏の権門体制論に関わるものとしてこの王家を重視されている。氏の研究は、いまだにこの中世の天皇の問題について考える際の出発点の一つであり、そこから示唆されることも多い。特にこの王家について「摂関家や武家に対する独自的な私的勢力、すなわち一個の権門という性格」を認め、「家長＝「治天の君」を中核とした内裏・院宮・親王家・内親王家等の複合体」として規定されている点は当を得ていると思われるが、前述のように氏の言う国王としての性格がこの「家」に及ぼす問題が、他の権門の性格と大きく性質を異なるものにしている点をもう少し考える必要があると感じている。

黒田氏の提起の後、中世の天皇についての研究は大きな進展があり、多くの成果が積み重ねられていったが、特にこの王家という概念を用いて[2]、当該期の政治過程や国家構造についての研究を発展させたのは、二〇〇〇年代に入っての栗山圭子氏と佐伯智弘氏であろう。その成果は、それぞれ二〇一〇年代前半に一書にまとめられている。[3] 両氏の研究については本論で適宜言及するが、一九九〇年前後から大きく発展した女院や后宮、さらに婚姻や親族構造の研究成果[4]が盛り込まれ、この王家の概念は、特に中世前期について、当該期の天皇制のみならず、政治構造全体を理解するためにも欠かせない概念としての位置づけられたと考えている。しかし、現在も積み重ねられつつある王家の研究は、対象が細分化され、より精緻なものとなっているが、問題点がない訳ではない。

第一に、分析に用いられる基本ターム（例えば皇統など）の使用方法や概念の設定がまちまちなところがあり、そこからイメージされる王家という概念にもずれが生じているように感じられることである。天皇・院を中核とする親族関係の中に中世的な「家」の形成を認め分析していくことは、従来政治史的な見方が主であった院政の問題を女院や多数存在する后・皇女の存在と結びつけ、より立体的にその構造を把握することを可能とした。ただその場合、「家」を家長とその正妻による夫婦関係を基軸として見ていく立場もあれば、前代からの「氏」的性質をまだ大きく残した親族関係をイメージして考察している場合もあり、実はその両面があることが当該期の特質とも言える訳であるが、同じ問題を扱っていながら、概念の定義にぶれがあるために、共通の議論の場に乗せにくいところもあるのではないかと考える。

はたして、素朴な疑問として王家は同時代にいくつあるのであろうか。

例えば、後鳥羽が承久の乱に敗北して治天の座から追われ、順徳の皇統継承が停止させられた後、後堀河天皇が即位し、その父の後高倉が治天の座につき新たな王家がスタートする訳であるが、後鳥羽・

順徳両院が生存しており、その皇子や関係の女院も健在のなか、後鳥羽王家は存続していると見なすべきなのか、それとも皇統が断絶した段階で王家は崩壊したと見るべきなのか。

また、常に王家の家長＝治天（院政の主催者）と考えてよいのだろうか。王家の家長の権限が及ぶ範囲と、治天のそれは同じなのだろうか。また正妻的立場にある女院の存在が確認されるが、王家の家長が崩じた後、彼女の権限はどのような形で王家内部に維持されるのであろうか。

王家と天皇家という概念もここでは区別して考えたい。基本的には、王家内部において、中世的な「家」の構造をもつ天皇家が形成されていくことについても言及する。

その点に関連するが、第二点として従来の研究が中世前期に集中し、後期の天皇制の問題と断絶している観があることである。たしかに王家の構成要素として重要な女院は激減し、政治的・経済的・文化的役割はほとんどみられなくなる。それでは、王家は南北朝の内乱期に入って消滅したのだろうか。そもそも南朝・北朝と並立することによって王家そのものも分裂したと考えてよいのであろうか。消滅もしくは分裂したとするならば、その原因やその後も続く天皇・院の存在はいかなる特質をもっているのかを説明する必要があろう。

本書は、これまでの王家論では、ほとんど対象とされてこなかった法親王以外の皇子(5)（俗体）を素材に取り上げ、彼らがどのように宮家を形成していくかを考察することによって、この第二点の王家の中世後期への接続の問題も考えてみたいと思う。

皇統と皇統決定権

当然のことながら、皇位は一つであり、そのポストは国家体制が続く限り必ず埋めなければならない訳である。そのポストは、主として父子関係・兄弟関係を軸としながらも、天皇の一族の誰かが選ばれる訳であるが、もめることもしばしばであり、時に暴力的な決着によって埋められてきた。ここでは、そのような皇位が父子関係を基本に継承され、系譜的に連続した、もしくは連続していく状態を皇統と規定し使用していくが、皇統が他の血筋に移動した場合、つまり子孫が皇位を継承できなくなった場合は、それはもう皇統とはよばない[6]。皇統は同時代に常に一つであり、旧皇統の系譜を引く人々もしくは関係者（女院など）は、仮に「～皇統の子孫」もしくは「～皇統関係者」というように表現する。ただし、南北朝期についてのみ、その名の通り二つの皇統が存在したといってよいであろう。

さて、本書において王家として設定する概念は、当然皇位の連続としての皇統が主軸となっているが、皇統の変更があった場合に生じる旧皇統の子孫たちも包摂した存在である。王家内部に集積された種々の財産のうち分割可能なもの（荘園・寺院・邸宅など）は、そのような王家のメンバーたちの中で分配を繰り返しながら、次の世代に伝領されていく。

一方、王家を天皇の「家」の一形態と考えた場合、その「家」の長（本書では、王家の長と表現する）が嫡流であることを象徴する「家」の財が形成されていくはずである。古代からの三種の神器は、王権のレガリアとして代々皇位に即く者によって受け継がれてきたが、それは皇位の象徴であり、王家内部では相対化されていくようである。皇位継承にその相伝を重視する意識は伝統的に存在するが、絶対的なものではなくなっていく。

当該期の摂関家以下の貴族・官人たちの「家」の形成には、その世襲化する身位や官職に必要な情報をストックした日記・記録・典籍類などが「家記」として重視されるようになるが[7]、王家においてもそのような存在が貴族・官人たちとは異なったレベルで形成されつつあり（本書第一章第四節）、王家の長の管理下に置かれていた。

また王家の長は、中世的な「家」の家長が所領・所職の譲与の際に行使する悔返権的な権限を保持していたと考えられるが、それは皇位にも及び、自身の皇子であってもその在位中に他の皇子に変更させるという形で行使された。それは単なる変更ではなく、ここでいう王家の財産をも将来的に伝領していく存在としての皇位、言い換えると王家の長を継ぐべき存在（その子孫を含め）を変更できる権限として、ここでは皇統決定権という名称で概念化し使用する。

この皇統決定権の前提として、前代より皇位決定権というべきものが存在していた。これは形式的には天皇に保有されるべきものであるが、常に王制という政治形態にともなう性質として、その時代の政治権力を掌握している臣下、天皇の母やそれに連なる外戚、天皇の父や祖父などが掌握し行使されてきた。

基本的に皇統決定権は、皇位決定権を含んだ権限であり、王家の長のみが所有できる権限であるが、当然のことながら、皇位決定権には皇統決定権は含まれておらず、またこの時代においても、王家の者以外によって掌握され行使され得るものである。

また、皇統決定権が行使されても、その皇統が将来的に実現されるためには、特に王家の長が早く死去して皇統の実現を見極められない場合、代わってその実現を保証する存在、特に中世的「家」の後家的な役割を果たしうる女院の存在が重要となる。一方、皇統決定権の掌握は、相対的に外戚の力を弱めることになる。たとえ外孫の皇子が皇位に即いても、王家の長が皇統決定権を行使すると、即座に外戚も変更されてしまうからである。以下、この王家の長が皇統決定権を掌握し、どのような政治的な場面で行使していくかをまず第一章で素描してみよう。

さらに王家の長による皇統決定権の行使の結果として、いわゆる幼帝を多数生み出すこととなり、旧皇統の子孫が王家内部に蓄積され、王家そのものを変容させていくことになろう。そのたどりつく先に宮家が生み出されるというのが一応本書で試みた図式である。

第一部　中世王家

第一章　中世王家の成立と変質

第一節　後三条天皇による皇統決定権の創出

延久四（一〇七二）年一二月八日、後三条天皇は皇太子貞仁親王に譲位し、同時に第二皇子の実仁親王を皇太弟とした。

『扶桑略記』によれば、実仁は、前年の二月一〇日に誕生、その年の八月一二日に親王に立てられた。長らく摂関の座にあった藤原頼通は、後三条が即位した治暦四（一〇六八）年にその地位を弟の教通に譲っており、延久三年段階では、頼通の嫡子師実が一上の左大臣にあったが、右大臣に頼通の養子でもあった源師房をはさんで、内大臣に教通の長子信長が昇ってきていた。すでに教通も七六歳、次の摂関を誰にするのか、この年の三月一二日、頼通の八〇歳を賀するための盛大な法会が、宇治平等院で行われるという祝賀モードの中で、熾烈な駆け引きが繰り広げられつつあったようである。後三条天皇は、それまで盤石と思われてきた摂関家の政治権力に生じたエアポケットをねらって、皇太子貞仁に譲位するとともに、その後の皇位の行方（皇統）についても、自分の意志を押し通すことに成功した。

この後三条のプランは、突然実行されたものではなく、すでにそこへの布石が着々となされていた。

一つは、実仁の生母源基子を女御から准三宮に昇らせ、すでに道長ファミリーの女性たちによって占められている三后の位置を狙えるぎりぎりのポジションに位置づけることであった。それまで後宮の女性たちにおいて、皇族以外の女性で准三宮になった者は二例ほどあったが、ともに教通の娘であり[1]、基子の父三条源氏基平のように、参議止まりで、それもすでに故人であった者の子女としては破格の待遇であったことは、『栄花物語』においても特筆されているところである（松のしづえ）。

後三条が、後冷泉の崩御によって即位した翌年、第一皇子の貞仁が皇太子に立てられたが、この皇子の母茂子も、その養父藤原能信（道長の子、頼通の異母弟）も、そして実父藤原公成（閑院流）もすでにこの世にいなかった。能信の子権大納言能長が春宮大夫となったが、この貞仁ならばいずれ後宮を通じて摂関家権力内に取り込めると判断され、後三条の意志に関わらず、この立太子が行われたものと考えられる。即位したての後三条にとっては、治世のスタートに当たって、摂関家との政治的摩擦は避ける必要があったが、このままでは、王権が、唯一の保持者たるべき天皇のもとに一元化できない状態が続いてしまうという懸念があったであろう。天皇の補佐役としての摂関は必要であったが、王権は、国母・三后をも独占する摂関家の勢力から切り離し天皇側に確保すること、それは父後朱雀天皇から受け継いだ悲願であったのではなかろうか。そして、頼通・教通、そして上東門院彰子らの摂関家の長老たちの力が結集できないこの時をチャンスと考え、大胆にも譲位を決行した上で、皇位を外戚のしがらみのない皇子に決め、自らの庇護のもとに、摂関家から自立した皇統を立てようと考えたのである。

この時、後三条が創出した権限こそ、皇統決定権[2]とでもいうようなものであろう。摂関家の側としては、後三条の代には政治的イニシアティブを握れなくても、次の代には再び後宮を牛耳ることによってそれを奪い返せる（頼通の子孫か教通の子孫のどちらかは別として）という政略を共有していたと考えられるが、それを完全に覆す企てであり、ある意味、摂関家にとって厳しい荘園整理政策よりショックが大きかったかもしれない。はるか後代に成立した『源平盛衰記』にのみ見える、皇太弟実仁に何かあった時は、その同母弟輔仁がその跡を継ぐという後三条の遺詔は、同時代史料では確認できないが、永久三（一一一三）年の千手丸事件まで続く、三宮輔仁親王に対する白河院サイドの緊張状態は、何らかの遺詔のようなものの存在を裏付けている。

それまでの体制では、次の天皇の選定は、現天皇の後宮内で行われていたのであるが、後三条が創出した皇統決定権は、輔仁親王が後三条譲位後の所生の皇子であったように、現天皇の後宮の外で執行されてしまうのであり、天皇の後宮のもつ機能が相対的に低下する可能性を内在したものである。後三条の誤算は、譲位の翌年に崩御してしまい、皇太弟実仁の即位の実現まで生きながらえることができなかったことである。この後三条の企ては、あくまで皇位継承の問題に限られたことであり、決して院政の意志があったということを意味しないと思われる。しかし、この皇統決定権は、中世王権の中核的な要素となり、それを握るものが政治的実権を掌握することになる。院政の主催者である治天であっても、この皇統決定権を掌握できなければ、王家の長たりえず、中世国家の王権の主催者としては不完全な存在となってしまうのである。

第二節　白河王家の形成

白河は、父後三条が創出した皇統決定権に苦しめられながらも、自らもそれを駆使して、王権を掌握することに成功した。

白河には、その東宮時代（延久三年三月九日）、摂関家の師実が源顕房の娘賢子を養女として妃に入れており、もし皇太弟実仁が即位していたら、まったく意味を持ちえなかったのであろうこの婚姻であったが、白河は、賢子を介して摂関家の協力を得、自らの側に皇統を取り戻すための梃子として利用していく。

まず、後三条の崩御の翌年、賢子を中宮に立后した。これには、後一条天皇の皇女であるが摂関家の后としてみなしてよい太皇太后章子内親王（後冷泉妃、母は道長の娘威子）に院号を宣下して女院（二条院）に棚上げし、他の三后を順送りにした上で空いたポストに押し込んだものであり、摂関家サイドの容認（恐らくは上東門院彰子のそれ）を得なければ実現しなかったと考えられる。

賢子の間に生まれた最初の皇子（敦文親王）は夭逝してしまったが、幸いにも善仁が誕生し、皇統を奪い返す可能性を残した。永保元（一〇八一）年八月、皇太弟実仁親王が元服した時は、さすがに白河も焦ったものと思われ、さらに応徳元（一〇八四）年九月、中宮賢子を失うという悲劇に見舞われるが、運命の歯車はここで白河の側に回りだす。皇太弟実仁が、応徳二年一一月、若くして亡くなるという珍事が生じ、白河は、すぐには皇太子を決めず、一年待ったところで、実仁の弟輔仁親王ではなく、自分の子善仁を皇太子につけた上に、その日のうちに譲位してしまうという奇策に出た（堀河天皇践祚）。この皇位決定権の行使は、白河の独断ではできないものであり、当然摂関家サイド（関白師実・内大臣師通、それに右大臣顕房）が認めてのものだったはずである。

この皇位決定権は、前代以来、天皇の専権事項ではなかったからであり、この堀河天皇の次にその皇子宗仁（鳥羽天皇）を即位させる際も、若く政治的経験に乏しい関白忠実をそのまま摂政に横すべりさせるという摂関家との妥協のもとに実現している。堀河の外戚として頼るべきであった源顕房は、寛治八（一〇九四）年に薨じており、その兄で左大臣として公卿の筆頭にあった俊房は、後三条の遺詔を託され、輔仁親王の母基子の姉妹を妻とし、その子師時も輔仁の室の姉妹（俊房弟師忠の娘）を妻とするという形で密接に結びついている、明らかに輔仁親王支持派であった。いまだ幼児にすぎない宗仁（五歳）を皇位に即けることは、当時の廟堂においてそれ程了解されていた訳ではなかったはずである。

鳥羽に皇子が誕生する以前、千手丸事件が起きて輔仁の登位の可能性を絶たれた段階で、その子有仁は白河の猶子として院の御所で元服している（『永昌記』永久三・一〇・二八）。やがて元永二（一一一九）年五月、鳥羽に皇子が誕生すると（顕仁、母中宮藤原璋子）、八月には有仁は源氏を賜姓され、臣下に落とされてしまう。白河は、父後三条が設定した皇統の実現化を阻止し、この段階に至り、皇統決定権を掌握したと見なすことが可能であろう。

保安四（一一二三）年正月、白河は、顕仁を皇太子に立てると同時に、鳥羽に譲位させ、顕仁践祚

（崇徳天皇）という、自らの譲位・堀河践祚の時と同じ方法で代替わりを実行させる。一見、嫡系で皇位が継承されたように見えるが、周知のように顕仁は、白河の子である可能性が高く、そうであれば、鳥羽にとっては、白河が父後三条から受けた仕打ちの再現ということになろう。白河は、鳥羽に表立って抵抗できないような形で皇統決定権を行使したのであり、そのしたたかさには驚かされよう。崇徳の生母璋子は、天治元（一一二四）年一一月、院号宣下を受け、女院（待賢門院）となり、崇徳の後見かつ白河が決めた皇統を見守る役目に位置づけられた。この時点を、王家の成立の一つのメルクマールとして位置付けてよいのではないだろうか。

第三節　鳥羽王家の成立

大治四（一一二九）年七月七日、白河院の崩御によって、五〇年を超えるその治政が終わるとともに、その皇統からはずされていた鳥羽が治天となり、すでに従来の研究で指摘されているように、その長期にわたった白河による政権で醸成された院政の大枠を継承した。さらに鳥羽は、白河の路線にいくつかの修正を加えていく。その第一が、白河によって保安元（一一二〇）年に内覧を停止され、実質的に関白罷免に追い込まれた摂関家の家長忠実の政界への復帰であった。忠実失脚後も摂関の地位を守ってきた忠実の嫡子忠通も、家長の忠実のコントロール下にあり、鳥羽と忠実の政治的協力関係は、忠実の娘泰子を長承三（一一三四）年、鳥羽の妃として皇后に立后し、その五年後の保延五年に院号宣下を行って女院（高陽院）にすることで固められる。

中宮（忠通娘聖子）・皇后共に摂関家の女性が並び立つのは、延久六（一〇七四）年より応徳元（一〇八四）年までの間の馨子内親王（後一条皇女、母は道長の娘威子）と藤原賢子（師実の養女）以来のことであり、女院に着目するならば、長治二（一一〇五）年に崩御した二条院（章子内親王）以来の久しぶりの摂関家系の女院の復活であった。そして、鳥羽の寵愛を受けていた院の近臣の娘藤原得子が、保延五（一一三九）年五月に皇子（体仁）を生むと、その八月には、崇徳天皇の皇太子に冊立してしまう。

鳥羽は、崇徳の妃となっていた忠通の娘聖子を、鳥羽院政開始とともに中宮に冊立して忠通との関係を保った上に、後見の弱い体仁を聖子の庇護下[3]において関白忠通の後見を期待し、永治元（一一四一）年十二月、体仁践祚（近衛天皇）に際し、摂政に横すべりさせる。そして践祚とほぼ同時に、体仁立太子とともに女御となっていた得子を、皇后藤原泰子が女院となって空いていた皇后のポストに押し込み、久安五（一一五〇）年八月には、女院（美福門院）としてしまう。また、久安元（一一四五）年八月に、待賢門院が崩御しており、白河が設定した皇統を支える大事な支柱が失われている。

佐伯智弘氏が指摘するように、この体仁の立太子は、崇徳の「皇太弟」ではなく「皇太子」としてのものであったが、王家の概念に中世的な「家」への志向性を見出す観点からすればそれは形式的な問題にすぎず、待賢門院―崇徳の存在によって、政治的に不安定な位置にあった鳥羽が、やっと皇統決定権を行使したことを示すものであり、王家の長に立つことができたものと理解してよいであろう。

保延年間から久安年間にかけて（一一三五〜五一）、鳥羽は、自らの王家を着々と固めていくが[4]、皇統決定権の行使はさらなる政治的不安を招くことになった。皇統変更の鍵となる近衛天皇が病弱であり、皇統の永続性には不安があり、それへの対処が鳥羽晩年の大きな政治課題となっていく。一方で摂関家の「家」をめぐる忠実―頼長と忠通との対立とからまることによって、これまでの朝廷政治では解消できないレベルの政治的危機が生じ、結果、保元の乱を引き起こす一因となるのである。

当時王家の正室的立場にあった美福門院が、待賢門院所生の崇徳と雅仁親王の二人の子重仁と守仁を養育していたのは、再び不安定化が予想される王家において、鳥羽の決めた皇統を守るための方策の一つであろう。鳥羽・近衛亡き後、そのまま崇徳が王家の長の座に着けば、鳥羽が行使した皇統決定権は無に帰し、再び白河のそれに戻ってしまう。重仁と守仁、どちらの皇子が選ばれても、鳥羽の皇統はつながっていくように見えるが、すでにこの段階で受け継ぐべきものは、皇位だけに留まるものではなくなっている(5)。鳥羽としても、美福門院が、中世的な「家」(未成熟であるが)においての後家的立場を存続できるように後継者を選ばなければならなかったはずである。結果、守仁(後二条)が選ばれ、伝統的な皇位継承のルールに則って、守仁の父雅仁親王をひとまず登位させた後に守仁が皇統を継承するというプランが採用された。このプランでは、雅仁は守仁の皇位継承を自らの意志で決めたわけではなく、譲位し上皇となった後も皇統決定権は持ちえないことになる。後白河は、天皇の父として治天を望むことは可能であるが、王家においては、後家的立場にある美福門院がいる限り、鳥羽の決めた皇統の変更は許されない。院政の主催者である治天の座に就いても、皇統決定権を持つ王家の長たりえない存在ということになる。保元の乱後、唯一の院として院政を開始した後白河であるが、皇統決定権はいまだ後家（美福門院）の管理下にあり、王家の長は二条天皇（守仁）が相続すべく準備されていたのである。しかし、平治の乱の翌年の永暦元（一一六〇）年一一月、美福門院が四四歳で早すぎる死を迎えると、後白河は、王家の長の座をめぐって、実子である二条天皇と対立を深めることになる。

当時朝廷で発言権を持つ権門は、「大殿」忠通の下に再び一元化した摂関家、白河・鳥羽両院の外戚で、待賢門院の実家でもあった閑院流藤原氏、堀河の外戚であった村上源氏顕房流（雅通）などであるが、摂関家は保元の乱によって受けた痛手から、その政治的影響力は低下しており、閑院流も、大臣を務めていた実行・公教（三条流）、実能・公能（徳大寺流）らが、出家・死去などにより廟堂から姿を消しており、世代交替期にあたっていた。後白河の復権を可能にするチャンスは、この当時の政治状況にあったと言えよう。保元・平治の乱を乗り越えてきた後白河は、これら権門の視野に入らない新たな勢力の潜在的な力にも気づいていた。それが平家の清盛であり、後白河が当時寵愛し、皇子（憲仁）を儲けた女房（平滋子）が、清盛の妻（時子、宗盛・徳子らの母）と姉妹であったことが、偶然とはいえ重要なファクターとなった。

清盛は、妻時子が二条天皇の乳母であり、二条天皇サイドにも良好な関係を持っていた。そのような彼が後白河の企てに加担することを決心したのは、永暦二年九月三日の憲仁の誕生の直後に、この皇子をめぐって後白河の近臣で滋子・時子の兄弟であった時忠（右少弁・右衛門佐）と清盛の弟教盛（左馬権頭・常陸介）が解官されるという事件が生じたこと（『百錬抄』応保元・九・一五）が一つのきっかけとなっている。九月一三日に権中納言に昇進し検非違使別当を兼ねていた清盛は、事件そのものには無関係であったにしても、この皇子に対する後白河の明確な意思を察知し[6]、その意志のもとに生み出される新たな皇統が自分と極めて近い存在であるところに、平氏一門の将来を託すことを決意したのであろう。そのためには、後白河を王家の長の座につかせなければならない。

第四節　王家の家記

王家の形成を天皇の「家」形成の一環として捉えるならば、当時の貴族社会において貴族の中世的「家」形成の一つの重要な要素となっていた「日記の家[7]」化（家記の形成とその相伝）を検討することが、その過程を測る一つのメルクマールとして有効であろう。

一一世紀後半から一二世紀にかけて、貴族・官人たちは、公事の場に必要な先例や故実作法などの情報・知識を「家記」として集積することによって、官職の世襲化を可能にし、貴族社会における生き残りをめざしていた。彼らの上に君臨する天皇も複雑かつ高度に洗練化され儀式の場に組み込まれ、そこでなすべき「天皇御作法」が形成されつつあった[8]。天皇の「家」を形成するためにも、「天皇御作法」に関わる公事情報を含みこんだ「家記」の形成（「日記の家」化）が必要であったと考えられるが、その方向性は看取されるものの、同時代の摂関家以下の貴族たちとは異なった歩みをたどったようである。

すでに指摘したことであるが、この王家の形成期ともいえる一二世紀、白河から安徳までの一〇代の天皇に日記を記していた痕跡がほとんど確認されない[9]。貴族社会の中でももっとも早く日記を記していたことが確認され、中世末期に至るまで数多くの日記の記主が確認される天皇たちであるが、この時期、「日記の家」化を進める貴族たちが、代々日記を記して「家記」の集積に努めていたことが多く確認されるのに反して、日記の記主が確認されない空白期となるという不可解な状況を示していた。

この理由としては、第一に、この時期の天皇が、次章において論じるように、幼帝もしくは若い時期のみ在位した天皇ばかりで、詳細な日記を残すような年齢まで在位して公事の場に接する天皇が少なかったことがあげられる。皇位に即くのが極めて幼い時であり、元服し天皇としての自覚をもって朝儀に臨むころには、皇位を去らなければならないことが多く、後代の参照に足る日記の作成が在位中には覚束なかったものと考えられる。

第二に、国家の頂点にある天皇の日記は、他者によって写したり、貸し借りされたり、その血統的断絶などによって外部に流失することがほとんどなかったことが、逆に写本が希少となり、後代に残存しにくかったためであろう。すでに述べたように、治天たる王家の長によって、摂関家以下の貴族たち以上に、多くの日記が収集され、それらを保管する独自の蔵（勝光明院や蓮華王院の宝蔵）が設置され、空白期以外の天皇の日記もそこに保管されていた[10]が、南北朝期にそれら王家の蔵は姿を消し、ほとんどの日記がそれと運命を共にしたようである。一三世紀後半以後、王家内部で「日記の家」化を実現した持明院統天皇家だけがその「家記」としての自流の日記を後代に残しえたのである。

第三に、後朱雀・後三条両天皇の日記は、早く後三条の子白河によって「天皇御作法」のプールとして重視され、さらに鳥羽によって、「後二代御記」として王家の根本家記的な特別な存在に位置づけられ[11]、勝光明院の宝蔵に鳥羽による「御起請」という形で、王家の長のもとに厳重に保管されることになった。この「後二代御記」の存在が、逆にその後の天皇が日記を残していても（白河・堀河・鳥羽・二条あたりは日記を記していた可能性が高い）、王家内部で重視されないまま失われてしまった可能性も否めない。「後二代御記」は白河のみならず、この空白期では堀河・鳥羽・二条らが参照していたことが確認され、特に後三条の日記は、白河の命によって摂関家の忠実が部類記を作成しており（『中外抄』仁平元・七・六）、以降、天皇のみならず、その補佐を行なう摂関のみが許可されて参照することができた。幼帝の代行を勤め、若い天皇に「天皇御作法」を教授するために、「後二代御記」に含まれる公事情報は、摂関と共有される必要があったわけである。天皇の政務や儀式作法に必要な先例や故実などは、摂関や公卿たちが、その「家記」を駆使して調査・提供し、王家によって蓄えられた大量の日記・記録類は、一部を除けば、貴族たちにとっての一種の図書館的な存在であった。治天としての王家の長によって強力に収集されたさまざまな日記は、王家の宝蔵を通じて伝播し、貴族たちに「家」内部に秘蔵されたまま消滅してしまうことを回避した効験は決して小さいものではない。

第五節　後白河による鳥羽王家の継承

王家の長となる後白河

後白河が念願の鳥羽王家の長の地位を手に入れる機会は意外にすぐに訪れた。

永万元（一一六五）年の四月の中旬、病に伏した二条天皇は、六月に入っても回復しない病状を鑑み、前年に生まれたばかりの皇子（順仁）を皇太子に立てることにし、その儀を二五日に行なうことが決定されたが、病が急に悪化したからであろうか、突然前日になって立太子ではなく譲位ということになり、まだ二歳の順仁が践祚することになった[12]（六条天皇）。そして、ひと月後の七月二七日に六条天皇の即位式が行われたのを見届けたかのように、翌日、二条院は崩御してしまう。まだ二三歳であり、さらにそのちょうど一年後の仁安元（一一六六）年七月二六日、二条より後事を託された摂政基実も病に罹り、こちらも二四歳の若さで亡くなってしまう。すでに長寛二（一一六四）年には「大殿」忠通も亡くなってしまっていた。

摂政は、基実の弟基房が継いだが、摂関家の家領は、基実の後家である清盛の娘盛子が管理することになった。基房の弟兼実も右大臣に昇っているが、摂関家はみな若者ばかり。二条の外戚で摂関家庶流（大炊御門流）の経宗が左大臣にいるが、彼は、権大納言であった永暦元（一一六〇）年二月、後白河と二条天皇との対立の中、乳父の参議藤原惟方とともに解官され、阿波国に配流された人物である。長寛二年に元の権大納言に戻り、有職として知られた経宗は、若い関白基実と左大臣基房のサポート役としてその年のうちに右大臣に昇ったが、以後、宮廷の権謀術数とは一線を画して公事のエキスパートに徹した。すでに廟堂には、後白河に正面から意見を言える存在は誰もいなくなったといっても過言ではない。

仁安元年の一〇月、後白河は平滋子との間に生まれた皇子憲仁を皇太子に据える。皇統決定権を掌握し、早速行使した訳である。皇太子は、天皇より三歳年上であった。翌月、清盛は内大臣に進み、さらに翌月、すでに権中納言に達していた清盛の子重盛が、憲仁の春宮大夫に任じられ、春宮権大夫には清盛の盟友ともいうべき藤原邦綱、春宮亮には教盛が就いて、皇太子の周囲は水も漏らさぬばかりに平氏一門に固められ、その日を待ったのである。

後白河は、滋子を仁安二（一一六七）年正月に女御に、翌年二月、高倉天皇践祚に続き、三月、皇太后に立てた。そして、嘉応元（一一六九）年四月には、院号宣下が行われ、滋子を女院とする（建春門院）。後白河は、王家の長として地盤を固めたわけであるが、これに続いて、承安二（一一七二）年、六条天皇の養母であった中宮の藤原育子（忠通娘）を皇后に移し、その後に高倉の妃として入っていた清盛の娘徳子がついた。後白河が王家を継ぐことができたのは、清盛の協力があってこそであり、徳子は、その紐帯として位置付けられた。

建春門院の死

しかし、安元二（一一七六）年七月の建春門院の早すぎる死（三五歳）は、後白河の王家の運営に不安定要素をもたらした。周知のように、清盛ら平氏一門とのもっとも重要なパイプ役を失ったことであり、もう一つは、後白河の王家を維持していくための後家的な存在がいなくなってしまったことである。

視点を変えると、建春門院は後白河による皇統決定権の濫用を掣肘する存在でもあったと考えられる。その死の三か月後、後白河の皇子二人が、秘かに一人ずつ内裏に呼ばれ、高倉天皇の猶子（養子）となったという。[13]一人は、後に御室となる道法法親王で、母親は前述の輔仁親王の子仁操の娘三条局。[14]もう一人は、後に天台座主に昇る承仁法親王で、母親は院の女房丹波局である。[15]

後白河の二人の皇子が同時に高倉天皇の子に擬されたことについて、人々は不思議に思い、「疑うらくは儲弐の器たるべきか」と当時まだ皇子がいなかった高倉の後継としての用意かといぶかったと伝えている。[16]

また、一度延引となった親宗扶養の皇子の参内が三日後に行われた際、時忠が皇子を連れて参内したとも兼実は記している（一一・二）。形式上は、高倉の子として皇統の変更はないように見えるが、もし法皇の皇子の一人が新たな政治勢力の後援を受けて高倉の後に登極した場合、崇徳がそうであったように、高倉の地位は極めて不安定な状態に置かれてしまう。このことは、時忠から耳に入ったと推測されるが、清盛は大きなショックを受けたことであろう。[17]

徳子にはなかなか皇子が生まれなかったが、治承二（一一七八）年一一月、ついに皇子が生まれ（言仁）、翌月には、早々に皇太子とされた。『山槐記』によれば、六月二日、徳子の懐妊を知った清盛は、急遽福原から上洛し、翌日院の御所に参上、「中宮御妊間の事」について後白河と会談がもたれた。翌年四月、言仁が生まれるまで「出家を抑留」されていた道法法親王もお役御免ということだろうか、御室守覚法親王のもとで出家を遂げている（『山槐記』治承三・四・一六）。

天皇の皇嗣が決まっていないのは、王権の不安定をもたらすわけで、王家の長としてはその状態に備えようとするのはある意味当然の事なのであるが、安元二年の段階で高倉天皇はまだ一六歳であり、生母建春門院の死の直後にその動きが表面化したこと、そしてその対象者が院近臣の平親宗の養君であったことは、あまりに露骨な動きである。後白河は皇統決定権が自分の手にあり、建春門院亡き後の高倉も一つの駒にすぎないことを清盛にアピールしようとしたのかもしれない。令制のトップにある天皇を外戚などの手段で取り込んでしまえば（皇位決定権の行使）、権力を掌握できるという考えは決して誤ってはいないが、すでにそれではすまない政治構造が醸成されていた。そのことは、清盛の死後、その子孫たちが思い知らされることになる。

皇嗣の誕生したこの段階で、清盛がなすべき次のことは、高倉を治天に位置付けるだけではなく、王家の長に据えることであった。しかし、すでに白河・鳥羽・後白河と三代にわたって形成され肥大化しつつあった王家内部には、上西門院[18]・八条院と、かって後家的な立場にあった有力な女院たちが存在しており、王家の長に立った後白河すらそのコントロールは困難であったようである。当初はある意味外戚の権力維持のための制度としてスタートした女院制度は、創出された王家を強化するために転用・拡充されていった。一方、独自の経済基盤を背景に、上級貴族の子女以下、多くの女房たちを近侍させ、彼女たちの実家の諸家とさまざまにつながる女院たちは、その増加に伴い、王家の長の「家」的な支配力を相対的に低下させるという弊害をもたらしつつあったといえよう。この女院たちを王家の長のコントロール下に置くことは、後白河やそれにつづく王家の長たちの政治的課題となっていこう。

清盛と安徳天皇

周知のように、清盛は、治承三年一一月にクーデターを決行、後白河の治天としての機能を凍結し、翌年二月、予定通り高倉は譲位して安徳天皇が即位する。

しかし、高倉には、治承三年中に内裏の女房との間に二人の皇子が誕生していた。一人が、藤原信隆の娘（藤原殖子、後の七条院）の所生の皇子（守貞）で、平知盛が養育することになり（『山槐記』治承三・二・二八）、平氏の管理下に入った。もう一人は、平義範の娘（少将局、後その母が白河の近臣平信業の妹）が生んだ皇子（惟明）で（同三・四・一一）、どうも平氏の目を逃れて、王家の女院、院所生の法親王もしくは信業[19]などの近臣の元に匿われていたようである。前者の第二皇子守貞が、後に平家の都落ちの際、平氏に連れて行かれ、その滅亡まで帰京できなかったのに対し、後者の第三皇子惟明は、後白河が新天皇を選ぶに際して、第四皇子尊成（『一代要記』などによれば、翌年七月一四日誕生）とともにその候補にあげられることになった。この点については後述する。

王家の成立によって、後宮は天皇の内裏だけに納まるものではなく、無限の拡がりを持つようになったといっても過言ではない。そこに生まれてくる皇子女の管理は、極めて困難なものになりつつあった。当然対象者は、現天皇の皇子女だけではない。王家の長には、その生が終わるまで続々と誕生してくる訳であり、皇統から外れた上皇の皇子女たちにも親王号は宣下され、彼らも貴族社会の片隅で息をこらしてチャンスを狙っているとも言えるのである。多くは僧籍に入れられて、俗界での望みは絶たれるのが普通であったが、還俗して俗界での活躍を期待するという道も残されていた。

清盛は、結果的には、王家を掌握することに失敗した。

皇位決定権を掌握して安徳を即位させたが、高倉の早逝により後白河の保持する皇統決定権をついに回収できなかったのである。清盛の死後、平家は安徳天皇を擁して西下する。確かに天皇も大臣も公卿も弁官も、そして国母たる女院も揃っており、形式上は朝廷がそのまま移動したように見えるが、中世国家として変貌しつつあった王朝の体制は、それだけでは機能しえないことを、西海を漂う中で宗盛以下の平氏の人々は実感したであろう。

王家の長は、肥大化した王家の片隅に埋もれている皇子を見つけてきて、高御座に座らせれば、それでよかったのである。王家においては、天皇という存在は、前代以来の朝廷の機構とそれをコントロールする院政という政治形態を接続する、大事ではあるが一つの部品にすぎないと言っても過言ではない。それがないと動かないことは確かであるが、その歯車の替えはいくらでも王家内部に転がっているのである。

後白河は、選択肢はいろいろあったと思われるが、結局のところ高倉の皇統を変更しなかった。政治的な思惑だけではなく、さまざまな側面で建春門院の存在が大きかったからというべきであろう。建春門院の役割については、さらに検討すべき点があるように思われる。

第六節　以仁王とその皇子たち

後白河と以仁

後白河が、何故あのように以仁王を嫌ったのかはわからない。

以仁王は、永万元（一一六五）年一二月、太皇太后藤原多子の御所で元服は遂げたものの（『顕広王記』永万元・一二・一六）、それ以降、親王号を与えられることもなくほったらかしにされた。同じ月の一〇日ほど後に、第三皇子の憲仁が親王宣下されており、それより年長かつ生母の格も上（以仁の母高倉局は、権大納言まで昇進した藤原季成の娘であり、守覚法親王以下多くの皇子女を生んでいた）の以仁が無視されたのは、この年の七月に即位した六条天皇の次に憲仁がすでに決まっていたため、以仁とその周辺の人々にその期待を持たせないためだったのかもしれない。しかし、ならば高倉即位以後にでも与えればよいはずであるし、母親の高倉局は従三位まで昇っているのであるから、なぜ王のまま据え置かれたのか不思議である。

高倉登極後の承安元（一一七一）年二月、斎王の僐子内親王（二条皇女）が病によって退下した後、なかなか次の斎王が決まらず、その件について諮問を受けた藤原兼実は、以下のように日記に記している。すでに元服した後白河の皇子（以仁）に二人の「息女」がいるのだから、彼女らを卜定の対象にすればよいと考えるが、「或人」の話では、親宣下を受けていない皇子の娘が斎王に選ばれた先例はなく、もし選ばれた場合、その父親に親王号を与えなければならないが、それは「不レ可レ然」なので卜定対象にならないのだという（『玉葉』承安元・九・一二）。後白河に嫌われたのか、『平家物語』に見えるように建春門院に排除されたのかは不明であるが、伝統的な廷臣たちからみれば、王家のメンバーの一人に相違ない以仁を、後白河は極力排除しようと考えていたことは確かであろう。

平家都落ちの後、安徳天皇に代わる新天皇を立てるにあたって、後白河の意志は、高倉の二人の皇子

（惟明と尊成）にあったが、そこに平家を京都から追い払ったという功績を自負する木曽義仲から横槍が入った。自分の「義兵の勲功」は北陸にいる故以仁王の「御息宮」の「御力」であり、さらに後白河が治承三年のクーデターで幽閉された際、高倉天皇は、院の皇子でありながら「権臣」清盛のいいなりで何もしなかったのに対し、以仁は、自らの身を亡ぼしてまで父院に対する「至孝」を貫いたことを忘れるべきでないという論理で、北陸宮を候補者に加えよと迫ったのである[20]。

後白河側は、「継体守文」という「我朝之習」がある以上、天皇の皇子（直宮）が一人もいながら「孫王」を候補とするのは、「神慮」が測り難いという論理で拒否しようとしたが、合戦の場において身命を賭した勲功を無視すべきでないという、まさに武家の論理を押し立て、武器をちらつかせながら迫る義仲をなかなか納得させることはできなかった。結局、後白河側は、神祇官での「御卜」と後白河の女房丹波の夢想という、やはり中世的な神仏の力によって押し切ったが、義仲が納得していなかったのはいうまでもない。後白河は、義仲が起こした法住寺合戦で再び危機に陥るのである。

以仁の皇子たち

この時は皇位からは退けられた以仁の子たちであったが、一人は、後白河院に回収されて王家の管理下に置かれた[21]。もう一人の北陸にいた一九歳の「宮」は、「頼朝之沙汰」として文治元（一一八五）年に入洛したという（『玉葉』文治元・一一・一四）。

後者は、次の『明月記』の記事に見える人物であろう。

①「未時許心寂房来、去八日、嵯峨称二孫王一之人世称還俗宮逝亡数月赤痢、年六十六、以仁皇子之一男云々、治承宇治合戦之比、為レ遁二時之急難一剃レ頭下二向東国一、為二俗体一而入洛、建久・正治之比、雖レ望二源氏一不レ許、老後住二嵯峨一、以二宗家卿女一為レ妻於心操者、落居之人歟、養二中土御門院皇女一、譲二一所之領一云々」

（『明月記』寛喜二・七・一一）

史料①に見えるように、晩年嵯峨に住し、七月八日に六六歳で亡くなった「孫王」と称する人物は「以仁皇子」の「一男」であり、世の人々は「還俗宮」と呼んでいたという。「治承宇治合戦」つまり治承四（一一八〇）年の以仁王の挙兵の際に難を避けて東国に下向したというから、この寛喜二（一二三〇）年までちょうど五〇年経っており、当時一六歳だったことになる。義仲が一九歳の以仁の子を新帝に押した文治元年には、二一歳となって一致しないが、一応誤差の範囲であろう。

前述のように、木曽義仲が以仁王の皇子である「孫王」を皇位に即けようとし、失敗はしたものの、場合によっては、皇位を狙える存在であることを世間に知らしめることになったと思われる。特に頼朝のように武力で支配権を拡大・維持しようとしていた者にとって、対抗勢力にこのような皇子たちを掌握されないように管理しておく必要性があるし、いざという時にはこちらの玉にもなるかもしれない。史料①に見えるように、この人物は「建久・正治」の頃、臣籍降下して源氏になることを望みながら許されなかったといい、このことは、後で述べる惟明親王の皇子が、やはり出家を望みながら幕府によって許されなかったことと同様、もしもの時のために、皇族としての身分を維持させられたのであろう。

王家の長は、王家のメンバーであるこのような皇族たちにも目を光らせていなければならないのである。

また、この皇子は、史料①に見えるように、「一所之領」つまり経済的な基盤となる所領を持っていた。どのようにして入手したのかは不明であるが、妻とした藤原宗家の娘[22]は、八条院女房京極局と呼ばれる女性だった可能性が高く、彼女は八条院領の荘園を伝領しており[23]、それをさらに彼女と一緒に養育していた土御門院の皇女に伝領している点が興味深い。

以仁の皇女たち

『本朝皇胤紹運録』（以下『紹運録』と略す）には、土御門の皇女として八人ほど見えているが、この人物が養っていたのがどの皇女かは不明である。第一皇女として見えている覚子（後の正親町院）が弘安八（一二八五）年に七三歳で亡くなっているので、逆算すると建保元（一二一三）年の生まれであり、土御門譲位後に生まれた皇女となる。次節で述べるように、二一歳の後鳥羽は、正治二（一二〇〇）年、土御門天皇の皇太子としてその弟守成を立て、土御門は皇統から排除されることになった。その土御門所生の皇女を、やはり皇統から遠いところにいる王家のメンバーが扶養していることになる。王家の中には、このように皇統から外れてしまった皇子女が多く隠棲し、女院たちが、彼ら彼女らを収容するプールの役割を果たしていることは女院の機能として理解しておくべき重要な点の一つであろう。

以仁王の皇子女についてももう一つ付言しておこう。

以仁王が、美福門院所生の鳥羽院皇女で両院の大量の荘園群を伝領していた暲子内親王（八条院）に養われていたことは、よく知られた事実である。さらに以仁王は、この女院に仕える何人かの女房たちと関係を持ち子女を儲けているが、その一人が女院の御所内で養育されていた（『玉葉』治承四・五・一六）。その女房は、後に三位局と呼ばれ、兼実とも関係を持ち、男子（良輔）を儲けた。彼女の父高階盛章は「彼の院無双の寵臣」と見なされていた人物であった[24]。

建久七（一一九六）年正月、八条院は自身の病が重篤になった時、その所領の荘園群の大部分を養育していた以仁王の皇女（「三条宮姫宮」）に譲与することに決め、さらにその皇女に親王宣下を行うように自筆の書状を認め、当時関白の兼実に依頼してきた[25]。早速、兼実は、父親が親王ではない皇子女に親王宣下を行った先例を外記に調査させたが、そのような例は存在しないという報告があり、関白として朝政を領導する立場にある兼実は、先例を重視したいところであるが、八条院の養子となっている子息の良輔にも女院領の一部が譲られる予定であり、さらに女院養女となっている外孫の昇子内親王に対して、この以仁王の皇女の一期の後には、女院領を伝領することになっていた（『玉葉』建久七・正・一四）。そのため、板挟みになり困惑したようだが、八条院及びその後見的立場にある「仁和寺宮」守覚法親王（以仁王の同母兄）に対し、勘申された先例と以仁が「刑人」として「除名」されている人物であること[26]を説明し了解を求めた（同前正・一五）。すると翌日、守覚より報告があり、左大臣（藤原実房）にも内々相談してみたが、やはり先例がなく無理であろうという感触だったという。我が意をえたりと思った兼実は、他の公卿たちに諮ることもなく、女院の申請をうやむやにしたようである。

八条院としては、まず皇女を内親王にして、次に准后に押し上げ、その資格で女院にするという、この時代にはかなりシステム化されていたコースで、この皇女を女院にした上で所領を継承させる目論みだったのであろう。しかし、そうなると女院となったこの皇女がはたして八条院の遺言を守ってくれるかどうか、兼実には一抹の不安がよぎったのではないだろうか。[27]先例重視という建前でうやむやにした兼実であるが、そのような思惑が見え隠れする。この後、八条院は病から回復するが、この年の四月に実房は病により左大臣を辞し、兼実は一一月に源通親による建久七年の政変によって失脚してしまう。兼実の娘で後鳥羽天皇の中宮であった任子は内裏を出ざるを得なくなり、逼塞を余儀なくされる兼実一門であるが、後述するように以仁王皇女は、元久元（一二〇四）年二月に女院に先立って亡くなってしまい（『明月記』元久元・二・二七）、続いて兼実も承元元（一二〇七）年四月に薨ずることになる。

第七節　後鳥羽による王家の再編

村上源氏の通親は、後白河院から長講堂領を伝領した皇女宣陽門院[28]（覲子内親王）の後見として、政治的な地盤を固め、ついに頼朝の黙認の下、建久七年の政変で兼実を摂関から降ろし（近衛流の基通を後任に据える）、建久九（一一九八）年正月一一日には、外孫為仁を皇位に即けることに成功する（土御門天皇）。それまで後鳥羽天皇には皇太子が立てられていなかったが、立太子と同日に践祚という慌ただしいもので、昔白河が堀河に譲位した際の前例を思い出させ、何らかの事情が存在していることを疑わざるをえない。

権力を握ったはずの通親であったが、翌々年の四月に、前述のように、後鳥羽は土御門天皇の皇太子として弟の守成（四歳）を立て、まだ六歳にすぎない土御門は、この段階で皇統から外されてしまうことになる。このような決定を当時権力の絶頂にあったはずの通親がなぜ認めたのであろうか。

後鳥羽がこの決定を行うに際し影響力を持った人物として、後鳥羽の乳母であり、守成の生母藤原重子（後の修明門院）の叔母兼子（範兼娘、卿局）をあげざるをえない。しかし、兼子にとっては、土御門天皇の生母源在子も兼子の姉範子と前夫能円との間の娘で、範子の再婚相手の源通親の養女として入内しており、極めて近しい存在であった。さらに通親と範子の間に生まれた通光には、兼子の夫藤原宗頼（勧修寺流藤原氏葉室流）の娘が嫁して通平を生んでいる[29]。

兼子の一族（南家藤原氏貞嗣流）内において、特に兼子の兄弟の範光・範子が村上源氏との関係を深めていたが、兼子は、まだ若い後鳥羽が王家の長として地位を確立することを第一義としていた。彼女は、廟堂の政治状況を観察する中で、通親は内大臣にまで昇ったものの、その権力基盤は意外に脆弱であることを見抜いていたようである。

そのためであろうか、建久九年から一〇年にかけての人事は、土御門天皇践祚直後の廟堂トップのそれとしては、なかなか微妙なものとなっている。

まず、正月の臨時除目で、内大臣藤原良経（兼実の子）から兼ねていた左大将を取り上げ、権中納言に昇っていた摂政基通の子家実に与え、権大納言に昇進させる。そして一一月には右大臣の藤原（花山院）兼雅を左大臣に、権大納言兼右大将の藤原（大炊御門）頼実を右大臣に昇らせ、良経を超越させる。

さらに翌年正月、頼朝が重病の噂が都を駆けめぐる中で、二〇日に臨時の除目が行われ、権大納言の通親は、右大臣頼実に手放させた右大将のポストを手に入れる（同日頼朝の嫡子頼家が右少将から右中将に昇進）。いよいよ大臣昇進への秒読みに入った訳で、ここまでは通親の目論見通りと考えられる。予定通り六月に通親は内大臣に昇るが、同時に右大臣頼実が太政大臣に棚上げされ、(30)その後に家実（二一歳）が昇り、兼雅は子息の家経を参議に「申し任じる」代わりに左大臣を辞してその後に良経（三一歳）が内大臣から昇った。あっという間に廟堂の最上部を摂関家の若い子弟で抑えられてしまったのである。そして翌年四月一五日、守成が皇太子に立てられる。

これは通親が知らないうちに進められた企てではなかっただろうか。『愚管抄』では、後鳥羽の意向を汲んで、通親の「申し沙汰」で立坊となったとする。確かに通親は、守成の東宮傅に任ぜられ、春宮権大夫に宗頼、春宮亮に範光、権亮に通光と、一見通親の関係者で東宮の周囲を固められているが、その実、通親はピエロを演じさせられているように見える。

兼子は、摂政基通、夫宗頼を通じて九条流の兼実らと、秘かに次代の政権プランを後鳥羽中心に練り直したのであろう。そして若い後鳥羽が（兼子と共に）コントロールしやすい叔父範季（父範兼の養子でもある）の娘重子所生の皇子を選んだのではないか。王家内部において、皇統が安定的に継続するためには、王家の構造に組み込まれた摂関家の補佐が必要であることを見抜き、有力な外戚の存在は必要ではないと判断したのであろう。そして、後鳥羽が王家の長であることを示すために、皇統決定権を行使させたのである。(31)

建仁二（一二〇二）年一〇月、通親の突然の死の後、一二月には左大臣良経が摂政となり、公然と九条流の復権がなされることになる。『愚管抄』によれば、元久二（一二〇五）年正月に土御門天皇が元服した際、父兼実に倣って娘立子を入内させようとした良経に対し、後鳥羽から東宮守成の即位を待ってそちらに入内させるように指示され、土御門天皇には、兼子（卿二位）の新しい夫大炊御門頼実の娘麗子が七月に入内し、やがて中宮に冊立された。頼実も兼子に踊らされた感が強い。

承元元（一二〇七）年の兼実の死の翌年、その外孫で前述の八条院の後継に選ばれていた昇子内親王が、立后され皇后となり[32]、さらに翌年、院号宣下がなされて春華門院となる。結果的には、建暦元（一二一一）年六月、八条院崩御の後、予定通り春華門院が遺領の大半を継いだものの、その年の一一月にわずか一七歳で崩じてしまい、八条院領は父の後鳥羽院に相伝されたと考えられている[33]。

昇子内親王をこの段階で立后し、さらに女院とした後鳥羽の意図は、皇統として選んだ順徳の将来のために、九条流摂関家を後ろ盾として据え、八条院領という強固な経済基盤をも擁した王家の女院の冊立[34]であったはずであり、そのための九条流摂関家を復権させ、その後見を期待するという政治方針とリンクしていたと考えられる。その早すぎる死は、後鳥羽にとっても誤算であったろう。結局、賀茂の斎院となっていた自身の皇女礼子内親王（母は坊門信清娘）が建暦二（一二一二）年、病によって退下した後、建保二（一二一四）年六月に准三宮より院号宣下されて嘉陽門院となるまで待たなければならなかったのである。

第八節　高倉の皇子たちをめぐって

守貞と惟明

平家と共に西下した安徳に対抗して行われた新帝擁立の議に際し、その選に漏れた皇子惟明と、平氏滅亡後、解放されて帰京した後鳥羽天皇の兄守貞には、文治五（一一八九）年一一月、同時に親王宣下が行われ、王家の有力なメンバーとして確保されることになる。

勅別当として、守貞に対しては、閑院流藤原氏の実宗[35]が選ばれた。一二世紀、閑院流は、実行子孫の三条流、通季子孫の西園寺流、実能子孫の徳大寺流と大きく三つの家系に分かれていくが、通季の一流は、通季が三九歳の若さで薨じ、権中納言で終わったために、大臣にまで昇った他の二人の子孫に対して遅れをとっていた。それは通季の子公通にまで影響が残り、五七歳で薨じながら権大納言止まりであり、実宗はこの公通の子として一流の再興を担うべき存在であった。この文治五年七月、実宗は、四五歳で権大納言に昇り、元久二（一二〇五）年、内大臣に昇ってひとまず悲願を達成し、バトンは当時権中納言に昇っていた子の公経に託されることになる。

惟明の方の勅別当は、勧修寺流藤原氏の為隆子孫の経房である。実務能力に長けた人材を輩出することの一門の中でも特に有能な人物で、院近臣として活躍するとともに、文治元年、頼朝によって指名された議奏公卿一〇名にも入っており、幕府の信用も得ていた。中納言止まりであったこの一門の中で、顕隆子孫の光頼に次いで権大納言に達したのもこの経房であり、この年には権中納言で大宰権帥を兼ねていた。

同年齢の二人であるが、上級貴族の出自の実宗が勅別当となった守貞に対し、家格としては下位の経房が任ぜられた惟明との差は、それぞれの皇子の母の出自によるものであろう。それはそのまま、まだ皇嗣がいない後鳥羽天皇に何か起きた場合の皇位継承順位についての後白河の意志と見なしてよいものであろう。特に、守貞は、建久二（一一九一）年一二月、後白河の御所で元服が行われ、人々は彼のことを「今宮」と呼んでいたという（『玉葉』建久二・一二・二六）。まだ後鳥羽に皇子は誕生しておらず、場合によっては立太子の可能性があったと考えられる。

一方の惟明の元服は、後白河の生前には行われず、遅れて建久六年、猶子となった七条院（藤原殖子、信隆の娘で後鳥羽と守貞の生母）の御所で行われる（『百錬抄』建久六・三・二九）。守貞の元服が後白河の元服例に準じて行われ、加冠役を左大臣藤原実房（閑院流の三条流）が務めたのと同様、惟明の場合も左大臣の実房が務めており、一応それなりに遇されていたようである(36)。

承元四（一二一〇）年一一月、守成が践祚し（順徳天皇）、新たな皇統がスタートすると、両皇子の存在価値は次第に薄れていったようである。

まず惟明が翌年の承元五年二月に出家し（『一代要記』）、その翌年の建暦二（一二一二）年には守貞も出家する（『仁和寺日次記』建暦二・三・二六）。『増鏡』（第三、藤衣）では「いと数まへられ給はぬ古宮」とその存在を忘れられた「古宮」扱いされており、「建保」の頃、女房の一人が守貞の登極を予兆する夢を見、守貞に告げたが、本人は思いもよらないことと信ぜず、出家してしまったというエピソードを載せている。まさか承久の乱が起きて、後鳥羽を長とする王家が崩壊するなどとは誰も想像できなかったであろう。しかし、乱の直前の承久三年五月に亡くなってしまった惟明に対し（『一代要記』）、守貞は生き長らえて、その子茂仁が即位し（後堀河天皇）、その実父として太上天皇号を献じられたのである。

さて、平安時代までであれば、王家内部における皇位継承がらみの皇子の問題は、この辺りで終了であるが、すでに中世社会が深まりつつあったこの時代はそうならない。

承久の乱によって後鳥羽上皇が王家の長から引きずりおろされ、順徳の子孫によって継承されるはずだった皇統も順徳の配流と仲恭天皇の廃位によって一旦断絶、かつ次の王家の継承権を持っていた土御門も京外に出てしまったために、王家は混沌とした状態に陥った。

摂関も、順徳が譲位した際、近衛流の家実から、仲恭の外戚である九条流の若い道家に代わったばかりであり、当然仲恭廃位にともない道家は退き、王家内部に皇位決定権を行使できる者がいない状態となったのである。結局、京都を戒厳令下においた鎌倉幕府が守貞入道親王の皇子茂仁王を指名して践祚させた上、守貞に治天として院政を行う決定を下した。これは、平氏政権の時のように、武家によって皇位決定権を握られ行使されたと考えることはできるが、王家の長の保有する皇統決定権として行使されたものではないと考えられる。守貞に太上天皇の尊号が献じられ（後高倉院）、本来孫王にすぎなかった茂仁が即位したのも、院政という政治形態を再開するための措置であり、皇統の変更とまで意図したものではなかったであろう。突然、治天と同時に王家の長の座に据えられた後高倉にとって、王家の掌握が課題となるが、それは決して簡単なものではなかったはずである。

本論の関心で言うならば、光仁天皇以来という孫王に過ぎない皇族の即位は、当時の王家内部にさまざまな波紋を生じさせたのではないだろうか。その一つとして、王家内部のメンバーシップに変化が生じた、つまり皇子たちの価値に変更が生じたことが考えられる。

幕府は、一応承久の乱に関わった三上皇の皇子のうち、親王号を与えられていた順徳の同母弟の雅成親王を但馬国に、頼仁親王を備前国に移してしまうが、承久二年に生まれた土御門の皇子邦仁王や順徳配流後に生まれた忠成王は京に残された。そして、すでに亡くなっていた惟明親王の皇子たちも都に残っており、場合によってはその子たちも孫王である以上、政情の変化、もう少し具体的に言うならば、後高倉の王家掌握いかんによっては、皇位継承の対象ともなりえることを意味しているのである。

南北朝・室町期に編纂された『紹運録』には、例えば、前述の以仁王の場合はその子の世代までであったが、惟明親王の場合、系図1のようにかなり後の世代にわたる系譜が所載されている。彼らも天皇系図の所載対象となったことを意味するのであろう。

この惟明親王の系譜については、すでに赤坂恒明氏によって詳しく検討されており[37]、本論でもその成果に拠って少し検討してみよう。

交野宮

系図1に惟明親王の子の世代に交野宮と見えているのは、同様の系譜を載せる『帝皇系図』（三千院所蔵）に「国尊王大智院」と諱で所載されている人物に比定されている。ただ他に拠るべき史料がなく、系図にあげられているの他の皇子名[38]も含めて、中世ではあまり見かけないネーミングがなされているため若干疑義が残る。ここでは交野宮という表記のみを使用していく。

　この交野宮については、『明月記』に見える次のような記事が記されている。

②　a「厳僧正過談参賀茂之次世間雑談之次云、巷説、白河染殿僧都之奉レ養孫王、不レ可二出家給一、不レ可二恭敬一之由、自二関東一示二送乳母許一云々、…」（嘉禄元・四・二六）

　　b「巷説、孫王貴重事、普謳歌云々」（同四・二七）

記主の定家は、「巷説」であると断っているが、「白河染殿僧都」呼ばれる人物が、「孫王」を養っており、関東（鎌倉幕府）からこの皇子の乳母に対して、出家させないように、「恭敬」しないようにという指示が出たことを記しており、[39] その翌日にも「孫王」は貴重な存在であると人々が広く噂し合っていることを書き留めている。

　守貞（後高倉院）の場合からわかるように、親王号を得ていた皇子でも、一度出家してしまうと、皇位継承の資格を失うというルールであったらしく、逆に皇胤に対して出家を止めておくというのは、その資格を有しているという認識が存在していたことを示している。前に以仁王の皇子のところで触れた「還俗宮」の場合のように、承久の乱後の嘉禄元（一二二五）年にも同様の認識が生じていたことが知ら

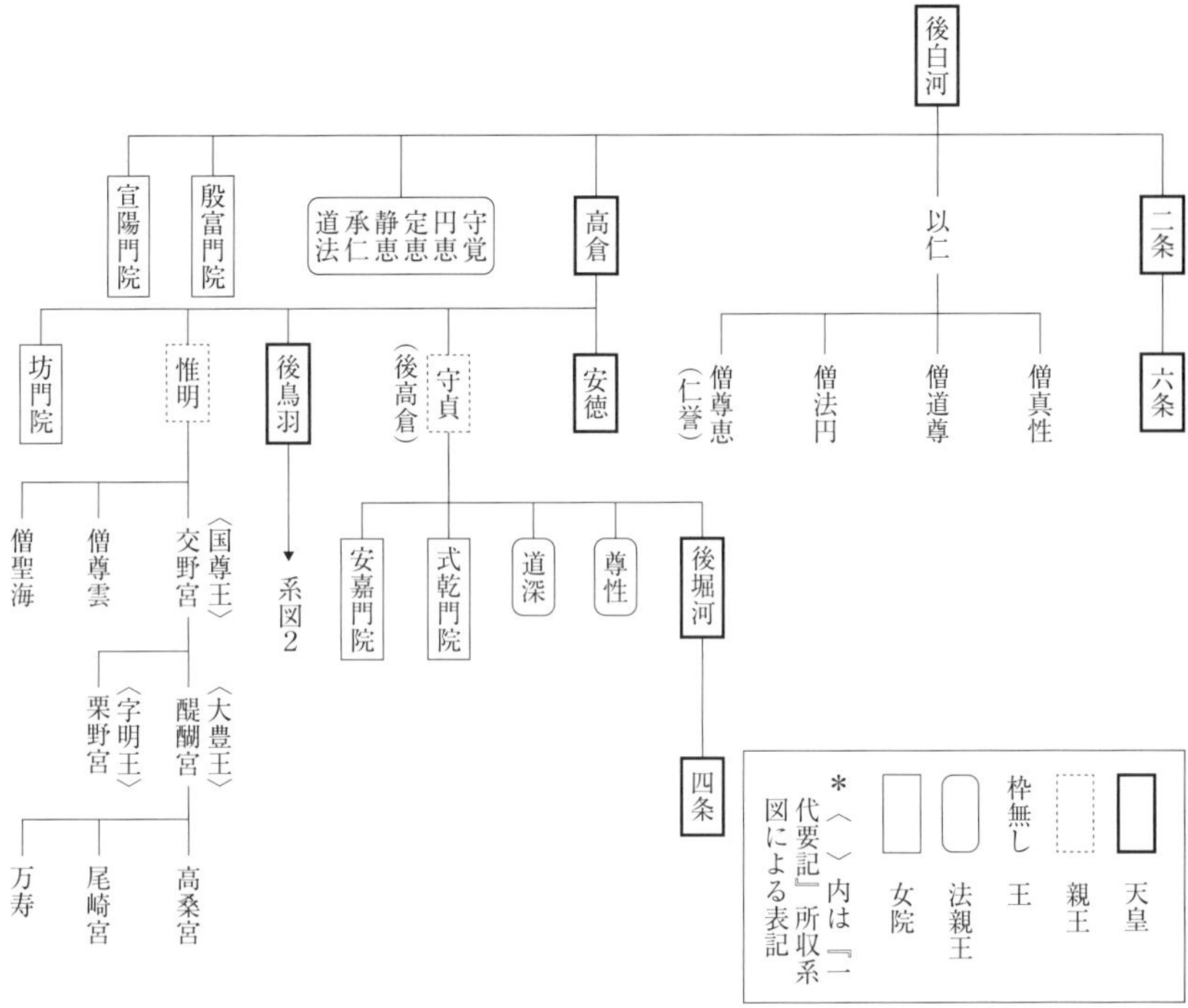

系図１　後白河の子孫

れよう。当時の廟堂には、以仁王と違って親王号を持っていた守貞であるが、わざわざその親王の子（孫王）を選ばずとも、「継体守文」という「我朝之習」に基づいて、天皇（上皇）の皇子から選ぶべきという意見も強く存在していた（『玉葉』寿永二・八・一四）。この認識は、守貞が太上天皇尊号を得ても、その王家の長としての権威を揺さぶるものとなったであろう。

しかし、守貞（後高倉院）はわずか二年で崩御、その遺志は、後高倉の妃で後堀河天皇の生母である北白河院（藤原陳子）に託されることになった(40)。結局のところ政治的イニシアティブを九条流摂関家の道家に握られてしまい、譲位して王家の長に座した後堀河も間も無く崩御してしまう。幼い四条天皇が一人残され、北白河院は、まさに王家の後家的な立場となり、王家の将来を託されたが、それも四条天皇の突然の崩御によって皇統はあえなく断絶する。この辺の事情は次章で改めて述べることにしよう。

ここで再び幕府が皇位決定権を行使することになり、土御門の皇子邦仁が指名されることになる。土御門院の子孫は、後鳥羽によってその皇統から排除されていた上、土御門もすでに崩御している訳であるから、即位した後嵯峨に王家の重圧が強くのしかかったものであろう。

話を戻して、惟明親王の皇子交野宮についてもう少し検討しておこう。

③「今度性恵房語云、醍醐座主（僧都歟、三宮御嫡也）母儀尼（彼宮御子息、皆悉此尼所生）、当時在下有通卿姉称二新□（阿）弥陀仏一之房上、件新阿弥陀仏母、澄憲法印等之妹也、依二此縁一、高倉殿常被レ座二彼房一、主客居住之人、此尼偏奉仕、為二奴僕一、件孫王達、以二親王後家一（雅親卿姉）為二養母一、件養母依レ悪二実母一、不レ懸レ養、件尼之父入道法師（青侍云々）、同相具在二醍醐一云々、彼座主御弟孫□（王）、武士不レ可二出家給一由、有二示申旨一、通具卿聞レ之、内□（々）已可二扶持申一之由、所望云々、…」

（『明月記』嘉禄二・九・一一）

この嘉禄二（一二二六）年の記事に見える三宮（惟明親王）の「御嫡」とされる「醍醐座主」は、系図1にも惟明の子として見える聖海であり、元仁元（一二二四）年から安貞二（一二二八）年まで醍醐寺の座主を務めていた人物である（『醍醐寺座主譲補次第』）。

史料③によれば、聖海の母親である尼が、当時醍醐寺の周辺であろうか、村上源氏の有通（俊房子孫）の姉で新阿弥陀仏と称する尼の許で暮らしていたという。また、この新阿弥陀仏の母親は、澄憲法印の妹、つまり信西の娘であったという。『尊卑分脈』によれば、信西の子の一人に「少将有房室」と見える女子がおり、有房は有通の父であるので適合する。記事によれば、聖海他の惟明親王の皇子たちはすべてこの女性の所生であったという。この母尼と有通姉（新阿弥陀仏）との関係は不明であるが、有通らの叔母が高倉天皇の典侍であり[41]、この新阿弥陀仏と同一人であるならば、惟明の母（平義範女）がそうであったように、高倉天皇の後宮で同僚であった可能性が高い。また、惟明の母の姉が後白河院の女房（坊門局）で、その養女（藤原為通の娘）が信西の息の一人成範の妻であったため[42]、その縁で惟明出産に際して澄憲の房を借りたとも見えており（『山槐記』治承三・四・一一）、後白河と高倉の二つの後宮に根を張った信西一門のネットワークの中で、惟明そしてその皇子たちが養育されていたことが推測される。史料③によれば、皇子たちは惟明親王の後妻である源雅親（通親の甥）の娘から、「実母を悪むによって」排斥されていたという。

しかし、一方で聖海の庇護の下に醍醐寺周辺にいた弟の孫王（交野宮）に対し、武士（幕府）より出家させないように指示が出ていたことを知った源通親の子通具（嘉禄二年段階で大納言筆頭）が、内々後見を申し出ているとのことであった。権門たちは、常に情報網を張り巡らし、貴族社会の片隅に生きている王家のメンバーまでも確保に努めていることを知ることができよう。

定家は、自分の姉たちも仕えた後白河・高倉の後宮周辺のことには関心があったらしく、そこで生まれた皇子たちの消息を記してくれている。この交野宮のことは、さらに三年後の寛喜元（一二二九）年の日記にも書き留めている。

④「去月之比、関東有二勝事一、三宮惟明親王孫王、長髪余二其長一云々、忽下向、坐二八幡若宮拝殿一、被レ触二下向由一、大驚奇、急可レ有二御上洛一由申、帰京無二其所一、不二元服一、又無二出家之計略一、只可レ居二住此辺一由、雖二懇望一、付二武士一人一、早令二上洛一、可レ然僧一人被二仰付一、可レ有二出家一之由、申二公家一、件武士送二置醍醐辺一云々、近年称二片野宮一、遊二于江口・神崎辺一人云々」

（『明月記』寛喜元・九・二四）

この時に至っても元服できないまま年月を経、髪が身長より長くなってしまったこの皇子は、突然鎌倉に下向し、鶴岡八幡宮の若宮の拝殿に姿を現し、その由を幕府に伝えると大騒ぎになり、すぐ京都に戻るように告げられた。しかし、この皇子は、京都に帰る場所はなく、元服もできず出家もできない以上、鎌倉に住みたいと懇望した。しかし、幕府はそれを認めず、武士一人を付けて京に送還し、然るべき僧に命じて出家させるように朝廷に指示した。武士は醍醐辺りに送って届けたという。この交野宮と称する皇子は、遊女の宿として有名な江口・神崎に遊んでいたという。その呼称から推測するに、河内国の交野辺りに住み、そこから淀川を下って、川下の江口・神崎に出かけていたのであろう。

系図1に見えるように、この交野宮には、醍醐宮・栗《（粟）》野宮・高桑宮[43]・尾崎宮などの地名を冠した皇子たちが子孫として見えるが、どうも庇護してくれる人々の元を転々としていたらしく、一定の地名・邸宅名などを冠した「家」は形成されないまま終わってしまったようであり、この一族を宮家の原初形態とは見なすことはできない。当時の人々の関心は確かにあったからこそ、その系譜が記録されたものと考えられるが、それをそのまま一つの宮家の存在を示すものとは考えるべきではない。

第九節　藤原道家と王家

天福元（一二三三）年九月、道家の娘竴子（藻壁門院）が崩御し、翌年八月、後を追うように後堀河院が崩御してしまった後、幼い四条天皇だけが残された状況を眼前にして、その外戚の藤原道家は何を考えたであろうか。いかに王家を再建するかという難題であったことは確かであるが、それを再び先祖の道長の時代のように摂関家に包摂した形での再建が頭に浮かんでいたのかもしれない[44]。

道家は、摂関に長子の教実をつけ、嘉禎三（一二三七）年正月には、近衛流摂関家で左大臣にあった兼経（家実子）を娘仁子の婿に迎え、三月には兼経を四条天皇の摂政につけて、長年対立してきた両摂関家の融和を実現した。さらに子息の一人頼経は、鎌倉幕府の将軍であり、公武関係の安定化に資するとともに、幕府権力との結びつきを自己の権力の背景とするための大事な駒でもあった。

「大殿」道家は、その政治家としての人生の絶頂期に差し掛かりつつあったが、娘竴子と後堀河院の相次ぐ死去のため、この期に至って将来が見通しにくくなっていた。幼帝四条しかいないこの段階、王家内に皇統決定権を行使できる者が存在せず、いるとすれば自分だけという意識を持っていた可能性が高い。次章でも述べるように、幼帝は皇位にあっても、その子孫に皇統が約束された存在ではない。皇位は必ず埋めなければならないが、皇統を実現するには、皇統決定権を保持した者（これまでは王家の長）がそれを行使し、女院とともに維持していかなければならない。王家と構造的に結び付けられている摂関家も、自身の政治権力の保持とその「家」として永続性を保持するために、王家を受け継いでいく皇統の安定化が必要であった。

道家が王家の将来に対して一つの決断を下さざるを得なくなったのは、嘉禎元（一二三五）年三月、嫡子と考えていた摂政教実がわずか二六歳で死去したことであろう。道家は、まだ二〇歳の内大臣良実を後任にはつけず、自らが摂政に復帰し、その直後に秘密裏に幕府に対し、「両主御事」つまり配流されたままの両上皇[45]（後鳥羽・順徳）の帰還を打診したのである（『明月記』嘉禎元・四・六）。しかし、当時の執権泰時によって拒否されてしまった（同前五・一四）。

道家は、九条流摂関家の復権を支持した後鳥羽院と、かって自身が外戚に立った順徳の皇統に親近感を抱いていたのは確かであろう。また、王朝勢力華やかなりし後鳥羽の治世の時代に憧憬を抱いていた人々もいまだ多かったのであり、王家の正統な長はこの皇統から出るべきという意識が根強く存在していたことを道家も認識していた。

特に順徳には、忠成王（母藤原清季女）・善統王（母藤原範光女[46]）の二人の皇子がおり、この皇統の女院修明門院の庇護下にあった。順徳が戻って王家の長に立てば、二人の皇子のどちらかが皇位に即き、天皇・女院の完備した王家が復活する。しかし、道家のプランは、幕府より拒絶されてしまった。道家としては、プランBを用意するか、何らかの方法で幕府に考えを変更させるかの二つの選択肢があった訳であるが、たまたま子息が幕府の将軍にあったことが、彼に後者を選ばせたのであろう。特に暦仁元（一二三八）年二月、頼経は、執権泰時以下幕府の重鎮を引き連れ上洛を遂げ、都中にその勢威を顕示した。それを目の当たりにした道家は、幕府における将軍の政治的な位置を錯覚してしまったのではないだろうか。

仁治三（一二四二）年正月の四条天皇の突然の崩御は、道家にとってまったくの予想外のことであったにしても、その後の事については準備ができていたつもりではなかったであろうか。しかし、事態は道家の思惑通りには進まなかった。幕府が皇位決定権を行使して選んだのは、今は亡き土御門院の皇子邦仁王であったのである。

平経高という貴族の日記には、皇儲の名を伝えるために幕府から派遣された使節は、まず「前内府」源定通（通親の子であるが、邦仁王を養育していた通宗の養子となっていた）の許を訪れ、次に「一条殿」道家、さらに「相国禅門」西園寺公経の許を訪れたが、「両所共に以て請けざるの気炳焉とうんぬん」、つまり、道家も公経もあからさまに納得できないことを示したという情報を書き留めている（『平戸記』仁治三・正・一九）。恐らく事実であったろうし、そうでなくても当時の都の人々は、二人がこのように反応するというのが共通認識であったのだろう。

ただ道家にとって救いだったのは、この時、幕府は皇位決定権を行使しただけで、皇統の決定にまでは至っていないことであった。再び村上源氏が外戚の地位につくと言っても、二三歳の新天皇（後嵯峨）の関白には、道家の子良実（母は西園寺公経女）が任ぜられた。近衛流摂関家も押さえている「大殿」道家の地位に変動はないはずであった。

しかし、事態は道家の予期せぬ方向に動き出す。まず、この仁治三年の六月に、後嵯峨の後宮に公経の子実氏（前右大臣）の娘姞子が女御として入り、八月には早くも中宮に冊立されてしまった。実氏の妻で姞子の母親である藤原貞子は、善勝寺流藤原氏一門の四条隆衡の娘であり、その姉妹には関白良実の室となって道良を生んだ灑子がいた。四条家の姉妹は、九条流摂関家と西園寺家の紐帯でもあったが、ここでは関白良実は、恐らく公経・実氏父子に抱き込まれ、姞子の中宮冊立を許してしまったようで、後に父道家から義絶される原因の一つとなったようである。

そして翌寛元元（一二四三）年六月、姞子は皇子（久仁）を出産、すぐさま皇太子に立てられた。一方、道家サイドにとっては、同じ六月に北条泰時が死去し、幕府が動揺していることは一つの好機と判断されたであろうが、九月に順徳院が佐渡で崩御してしまい、先を焦った感がある。将軍頼経に指示し、幕府を動かして事態を有利に進めようとしたが、逆に頼経は警戒され、寛元二年四月、その子頼嗣に将軍職を譲らせられてしまった。八月には、公経が七四歳で薨ずるが、その二年後の寛元四年正月には、後嵯峨の譲位により東宮久仁親王が皇位に即き（後深草天皇）、後嵯峨を王家の長とする新たな王家の体制が整うことになる。

譲位の前日に、道家は、関白良実をその弟の実経に入れ替え、後深草天皇践祚とともにその摂政とするが、四月に鎌倉で頼経が名越光時と謀って執権時頼を除こうという企てが発覚した（『吾妻鏡』寛元四・五・二五）。嫌疑は頼経の父道家にまで及び京中は騒然となり[47]、京中で囁かれた「六条宮[48]」を皇位につけようとした企てについての弁明に追われなければならなかった[49]。そして、七月に頼経は京都に送還され、関東申次の地位も道家から西園寺実氏に替えられることになった（『葉黄記』寛元四・八・二七、一〇・一三）。道家は、政治的な復権を果たすことなく、建長四（一二五二）年二月、失意のうちに世を去ることになったのである。

第十節　王家の解体と天皇家の成立

両統迭立

宝治二（一二四八）年六月、後嵯峨院は、中宮姞子に院号宣下を行い（大宮院）、翌建長元（一二四九）年七月、後深草天皇を譲位させ、同母弟恒仁を皇位に即ける（亀山天皇）。後嵯峨は、王家の長として皇統決定権を行使した訳であり、文永五（一二六八）年八月には、前年に生まれた亀山天皇の皇子世仁が皇太子に立てられ、亀山子孫に皇統を確定したかに見えた。

それまでの王家であれば、後深草は、土御門と同様に皇統から外れた存在として、王家の片隅に逼塞することになったであろう[50]。後深草は、幕府との政治交渉の末、幕府がこれまでの政治的経緯の中で保持していた皇位決定権を行使させ、建治元（一二七五）年一一月、文永一一年に即位していた後宇多天皇の皇太子に、自分の皇子熙仁を立てることに成功する。

これは、後嵯峨の皇統決定権を外部の力によって空洞化させることになり、平安後期に発展し、鎌倉期に入っても維持されてきた王家という存在を急速に解体させる原因となった。さらに後深草は、弘安一〇（一二八七）年一〇月に践祚した伏見天皇の皇太子に、伏見の皇子胤仁を立てることに成功する。正応二（一二八九）年四月のことである。そしてこの年の九月には、鎌倉将軍惟康（宗尊親王の皇子、文永七年一二月に源氏賜姓）が京都に送還され、その跡を後深草の皇子久明親王が継ぐことになり、幕府の支持が後深草にあることを内外に知らしめた。この後深草の政治的勝利は、亀山に相伝されるべき王家の長の地位を形骸化させることになった。

一方、亀山も同様に、幕府と交渉の末、永仁六（一二九八）年八月に後宇多の皇子邦治を後伏見天皇の皇太子に立てることを実現し、後深草の子孫に皇統が定着しそうになっていたのを何とか押しとどめたが、嘉元三（一三〇五）年九月崩御する際、遺領の大部分を嘉元元年誕生の恒明親王（母西園寺瑛子、実兼の娘、昭訓門院[51]）に譲与し、かつ亀山子孫から次に皇太子を立てる際は、在位中の後二条天皇の子邦良ではなく、恒明を立てるように遺詔を残した。亀山としては、自分に相伝されているはずの皇統決定権を行使したつもりだったのかもしれない。しかし、この指名はあくまで亀山子孫内部の問題であり、すでにそれはストレートに皇位に結びつくものではなかった。

徳治三（一三〇八）年八月、後二条天皇の崩御の後、伏見の皇子富仁が即位し、その皇太子には後二条の弟尊治（後の後醍醐）が立てられた。亀山の遺詔は、子の後宇多によって無視された訳であり、この段階の後宇多にはそれが可能であったのである。

王家の内部にあって、皇位は、王家の長が王家のメンバーの中から、その子孫に継承されることを予定して即けるべきポストだったはずであるが、すでにこの所謂両統迭立の段階に至っては、後深草の子孫（持明院統）と亀山の子孫（大覚寺統）から各自の後継者である皇孫を送り込んで登位させるポストに変化しつつあった。これがシステム化されれば、幕府も皇位決定権を行使する必要がなくなるはずであるが、亀山のように、王家的な意識で自己の子孫内部で皇統決定権（実質的に形骸化している）を行使してしまったがために、両統迭立という単純な構造では済まなくなり、そこに幕府の皇位決定権が発動されてしまうのである。

持明院統天皇家の形成

皇統の継承を幕府に介入させて確保した後深草やその子孫にとって、王家の長の後嵯峨が、皇統決定権を行使し、亀山子孫を皇統と定めたという事実は、その後も後深草やその子孫（持明院統）に重くのしかかっていたようである。亀山サイドは、その事実をたてにして、前代以来の王家の中枢は亀山の皇統であり、伏見の即位は、幕府の同情を買ったものとして、あくまで臨時的なものと見なしていたのではなかろうか。

しかし、幕府としては、亀山の子孫か後深草の子孫かを選ぶだけで、その中の誰までは選択する意志はなかったし、その権限も持たなかった。皇位は一つであり、両子孫のどちらかが選ばれ、一人の候補者を出す訳であるから、幕府が動くまでに確実に候補者を用意しておく必要があろう。皇統としての正統性に弱みを持っていた後深草とその子孫は、皇位につくべき候補者が幸いに登極した場合、天皇としての職務[52]を瑕疵なく果たせるように教育に重きをおいた。その方法の一つとして、摂関家などと同様の「日記の家」となることを採用したようである[53]。

代々日記を記すことを義務づけ、王家に蓄えられていた日記・記録類を吸収することによって形成された「家記」を梃子に、皇位に候補者を出す資格を持つ天皇の「家」を形成し始めたと評価できよう。「家」の長は「家」を継承する嫡子を選定し、皇位の候補者として立たせ、前述の「天皇御作法」は「家」内部で習得させ登極に備えるというシステムを作り上げた。持明院統は、単なる皇統ではなく、天皇を出せる「家」としての内実を醸成しつつあったのである。天皇家という用語について、広義には、古代より天皇を出してきた血統全般を指すが、ここでいう狭義の天皇家、つまり天皇を出せる「家」は、この段階以降の持明院統のそれに見出せるものである。王家が形骸化し、皇統決定権が消失しつつある段階で、皇位決定権を持つ政治勢力やそれに影響を与える社会的な認識に対し、天皇候補者を「家」として常に用意し、必要に応じて提供できる「家」を形成しつつあったのである。

いつ皇位の候補者を求められるかについては、すでに王家内部では自律的に決められなかった。そのために、時に「家」の嫡子の用意できていない時に、候補者を出さなければならない場合があり、その際には嫡子以外の者が候補者として出され皇位を確保するが（花園天皇の場合）、たとえ皇位に即いたとしても、「家」を継承できないため、ワンポイントリリーフとして一代で終わり、次の候補者は嫡流から出ることになる訳である。この持明院統天皇家における「家」の統制力は、亀山子孫の大覚寺統の方ではほとんど認められないし、前提としての「家」の形成も確認されない。亀山子孫は、前代以来の王家の体制のまま時代の変動の中に飲み込まれつつあった感がある。

持明院統天皇家は、皇位決定権を幕府が握っていることはすでに自明の理として、そことの外交交渉を粘り強く重ねる中で皇位を確保しようと努めた。一方、大覚寺統の中でワンポイントリリーフ的に皇位についた後醍醐天皇であったが、その新たな政治的理想を実現するために皇位から追われることを拒み、その手段として皇位決定権を含む皇統決定権を、王家の長としてではなく、天皇として掌握するために、まずは皇位決定権を幕府から奪い返すことを期したのであろう。そしてそれは成功する。

周知のように後醍醐天皇の建武政権に反旗を翻し、幕府を再興しようとした足利尊氏たちが、後醍醐以外の大覚寺統の有力な皇族たちではなく、持明院統天皇家と交渉を持ったのは、ある意味当然のことのように思われる。鎌倉幕府が後醍醐の起こした元弘の変の後、光厳の即位による持明院統天皇家の後伏見の治世を、幕府が倒された後、後醍醐はなかったことにしてしまったが、今度は、建武政権成立以前にまでさかのぼって、前代以来の治天と天皇がセットとなっていた朝政の継承をアピールする方が、当時の貴族たちの支持を得られると理解していたのであろう。また、持明院統天皇家には、治天たりうる上皇や皇子たちを複数抱え、彼らは家長の統制下にあって制御しやすく、尊氏らの政権構想に柔軟に対応してくれるという評価もなされていたのではないか。

持明院統天皇家の女院たち

鎌倉期に院号宣下を受けた持明院統関係の女院として、永陽門院（久子内親王、後深草皇女）、永福門院（藤原鏱子、西園寺実兼女）、陽徳門院（媖子内親王、後深草皇女）、章義門院（誉子内親王、伏見皇女）、広義門院（藤原寧子、西園寺公衡女）、顕親門院（藤原季子、洞院実雄女）がいるが、この中で、特に重要なのは永福門院（伏見中宮）と広義門院（後伏見女御、光厳・光明生母）であろう。

この二人は、永福門院の場合、三后ではあっても、国母ではなく、ただ、伏見院に仕える典侍藤原経子が生んだ胤仁親王を、猶子として立太子したというだけであり、広義門院の場合、三后を経ることなく、延慶二（一三〇九）年正月に次の史料⑤に見えるように、准后にしたその日に院号宣下が行われた。光厳天皇の生母であるが、光厳（量仁）を生むのは、正和二（一三一三）年七月のことである。

⑤「件女御、新院御脱屣之後女御也、前右大臣公衡公息女、為㆓院御猶子儀㆒、永福門院多年御同宿、此両三年以㆓密儀㆒有㆓御同宿㆒、無㆓立后之儀㆒人如㆑此院号事、先例希歟、近昭訓門院如㆑此、当代為㆓新院御猶子儀㆒之間、可㆑為㆓国母㆒之由歟、且今夜先有㆓准后宣下事㆒、職事仰詞、母儀准后院号ト仰也、定為㆓時儀㆒歟」（『院号定部類記』〔続群類〕の広義門院の項所引『実躬卿記』延慶二・正・一三裏書）

この史料⑤に見えるように、当時の貴族たちの認識においても、三后を経ないまま女院に冊立されるというのは、極めて稀なケースであった。西園寺公衡の娘寧子は、院（伏見）の猶子として、永福門院

（寧子にとって叔母にあたる）と長年「同宿」されて、実子のように育てられ、嘉元四（一三〇六）年四月、女御として後伏見院に入ったが、以後も「密儀」ながら永福門院と同宿していたらしい。そして「当代」（花園天皇）は、後伏見の「御猶子」であるので、国母待遇でまず准后になされ、女院に冊立されたと考えられている。

『花園天皇日記』を開くと、特に文保二（一三一八）年、花園天皇退位後は、兄後伏見と広義門院、それに花園と量仁は常に行動をともにし（伏見は文保元年崩御）、永福門院も広義門院もすでに王家の女院というよりは、狭義の天皇家の妻という性格を強めているのではないだろうか。

後述するように、観応の擾乱による政治的混乱の中で、京都を軍事的に制圧した南朝によって、北朝の崇光天皇と皇太子直仁親王は廃され、光厳・光明両上皇とともに南朝の本拠地賀名生に連れ去られた際、足利尊氏は、京都に残っていた光厳の皇子「三宮」弥仁を見つけ出し、皇位に据えて北朝を再興しようとした（『園太略』観応三・六・一九）。しかし、その登位を可能にする治天たる上皇（光厳）は不在であり、三種の神器も南朝に持ち去られていた。そこで尊氏は、一条経通らに継体天皇という「上古渉焉」の先例（『匡遠宿禰記』観応三・八・一七）を探し出させ、さらに今回の後光厳登極については、光厳不在のみならず、光厳は登極そのものを認めていなかったため、その生母で弥仁にとって祖母にあたる広義門院を説得して何とか実現に至ったというものであった（『園太暦』観応三・八・一七）。

この「武家申沙汰」によって実現した弥仁の即位であったが、その手続きは困難を極めた。王家における皇位継承の特例、つまり後白河が王家の長であった時代、三種の神器を平家によって持ち去られたため、剣璽渡御の儀ができず、後白河の「宣命」によって遂行されたという寿永の先例も、今回「三院」（光厳・光明・崇光）が一人も京都にいないため不可能であり、「上皇御如在儀」つまり上皇がいることにして「宣命」を作成し遂行するという意見も出されたが決定に至らず、「女院」広義門院の「仰」によって再度協議することになった（同前）。しかし、結局、「群臣義立」によって即位したという継体天皇の例を捜し出し、観応三（一三五二）年八月、やっと即位にこぎつけたのである（後光厳天皇）。天皇家において「家」の長を含めた有力メンバー不在という事態に、尊氏は、光厳・光明の生母であり後家的な立場にある広義門院を家長の代理を見なし、その「仰」のもとに即位を実現した。広義門院は、尊氏の認識では、王家の長の代理ではなく、中世的な「家」の後家と見なしていたのであろう。武家の認識ではそれで十分であり、継体天皇の先例というのも公家たちを満足させるための後付けに過ぎなかったのであろう。

広義門院の場合、実家の西園寺家は、その家長であった公宗（広義門院の甥）が建武政権へのクーデター未遂で処刑されてから、ほとんど逼塞を余儀なくされ、その再興も彼女の双肩に掛かっているような有様であった。彼女としては今後の両家（天皇家と西園寺家）の将来を考え、家長（光厳）の代わりに決断を下さなければならなかったのである。その姿は、尊氏から見れば、実朝暗殺後の鎌倉幕府における北条政子のように映っていたのではないだろうか。

彼女は、皇女でもなく、三后を経ることもなく、准三宮から女院に冊立されているが、すでに三后不在の時代になろうとしていた。[54]三后が置かれなくなった理由として、南北朝内乱による王朝勢力の衰退による経済的な問題が説かれるが、それでも他の律令官職と同様、形式的な称号として残すことは可能であったはずである。しかし、王家における女院制度の展開の中で、天皇・元天皇等の正妻的な地位という性格は早く失われ、三后は女院になるための資格に過ぎないような存在となりつつあった。そして王家が解体する中で形成されつつあった天皇家においては、三后はすでに、「家」の外の存在として役割を喪失し、さらに女院制度も急速に形骸化していった。中世後期には、天皇家には、特定の皇妃が置かれることはなく、典侍以下、天皇を囲繞する女房たちの中で、女院号は、天皇の皇子女を生んだ女性たちの中でその皇子が登極した、天皇の生母に贈られる称号となっていくのである。

第二章　中世の幼帝をめぐって

はじめに ―「天皇御元服」―

古代・中世の天皇の問題でよく指摘されるのは、平安前期、清和天皇の頃から幼くして即位する天皇が出現するようになるという点であり、摂関政治の形成と関連付けて論じられることは、続く平安中期が、外戚の藤原氏によって幼弱の天皇が管理下におかれていたというイメージを導き出しているように思われる。たしかに平安時代に入って、幼い天皇でも即位できるようになったことは事実であるが、もう少し長い時間的スパンで見てみると、異なった実態が見えてくるように思われる。

表1は、平安・鎌倉期の天皇の践祚時と譲位（崩御）時の年齢を一覧したもので、一応一〇歳以下で践祚した天皇はゴチック・太字で強調しておいた。一見して、幼くして即位した天皇は、平安時代といっても後期、いわゆる院政期から鎌倉時代、特にその前期に多く見られることがわかる。

もう少し具体的に数値で示してみると、表2のようになる。これは表1の1〜48の天皇を単純に八人ずつⅠ〜Ⅵの時期に分類し、それぞれについて践祚と譲位の年齢の平均値を示したものである。践祚についてみれば、幼くして即位した清和天皇や陽成天皇が含まれるⅠ期よりⅡ期の方が年齢的に低下する

表1　平安・鎌倉期の天皇の践祚年齢・譲位年齢

	天皇名	践祚年齢A	譲位年齢B	B−A
1	桓武	45	70崩	25
2	平城	33	36	3
3	嵯峨	24	38	14
4	淳和	38	48	10
5	仁明	24	41崩	17
6	文徳	24	32崩	8
7	**清和**	**9**	27	18
8	**陽成**	**9**	17	8
9	光孝	55	58	3
10	宇多	21	31	10
11	醍醐	13	46	33
12	**朱雀**	**8**	24	16
13	村上	21	42崩	21
14	冷泉	18	20	2
15	円融	11	26	15
16	花山	17	19	2
17	**一条**	**7**	32	25
18	三条	36	41	5
19	**後一条**	**9**	29崩	20
20	後朱雀	28	37	9
21	後冷泉	21	44崩	23
22	後三条	35	39	4
23	白河	20	34	14
24	**堀河**	**8**	29崩	21
25	**鳥羽**	**5**	21	16
26	**崇徳**	**5**	23	18
27	**近衛**	**3**	17崩	14
28	後白河	29	32	3
29	二条	16	23	7
30	**六条**※	**2**	**5**	**3**
31	**高倉**	**8**	20	12
32	**安徳**※	**3**	**8崩**	**5**
33	**後鳥羽**	**4**	19	15
34	**土御門**	**4**	16	12
35	順徳	14	25	11
36	**仲恭**※	**4**	**4**	**0**
37	**後堀河**	**10**	21	11
38	**四条**	**2**	12崩	10
39	後嵯峨	23	27	4
40	**後深草**	**4**	17	13
41	亀山	11	26	15
42	**後宇多**	**8**	21	13
43	伏見	23	34	11
44	後伏見	11	14	3
45	後二条	17	24崩	7
46	花園	12	22	10
47	後醍醐	31	44＊	13
48	光厳	19	21	2

注1：太字は、践祚年齢が10歳以下の場合。
注2：※は、践祚・譲位の年齢が共に10歳以下の天皇。
注3：＊後醍醐は、元弘の乱による光厳への譲位時の年齢。

表2　践祚年齢と譲位年齢の平均

	天皇の番号	践祚年齢A	譲位年齢B	B−A
Ⅰ	1〜8	25.8	38.6	12.8
Ⅱ	9〜16	20.5	33.3	12.8
Ⅲ	17〜24	20.5	35.6	15.1
Ⅳ	25〜32	8.9	18.6	9.7
Ⅴ	33〜40	8.1	19.5	9.4
Ⅵ	41〜48	16.5	25.7	9.2

も、続くⅢ期まではあまり変化がなく、むしろⅣ期に急激に低下するようである。そしてⅤ期までその傾向は続き、Ⅵ期に入ると再び年齢が上がっていくことがわかる。

年齢について、譲位のそれを見ても、践祚と同様の傾向を看取できるが、ならば在位期間はどうかというと、譲位年齢から践祚の平均値を引いてみると（B－A）、若干違う傾向がみえてくる。つまり、Ⅰ期・Ⅱ期はそれほど変化はないが、Ⅲ期はむしろ数値が上がり、在位期間が長くなる。しかし、Ⅳ期に入ると低下し、以後ほぼ同じような数値が続く。

表に示された数値を分析してみるならば、特にⅣ期の天皇は、幼くして即位し若くして皇位を去ることが多かったという事実を読み取ることができよう。特に表2の天皇名に※印で示したように、践祚・譲位ともに一〇歳以下という天皇が、Ⅳ期の後半からⅤ期の前半にのみ現れるということは注目すべきであろう。

この辺りのことをもう少し別の視点から見てみよう。

表3は、践祚した後に元服の儀を行った天皇の一覧である。いわゆる天皇元服については、中世以降、有職の公家たちに関心を持たれていたらしく、その事例を集め、儀式次第について項目別に整理した儀式書が成立しており、その一つである『天皇御元服諸例』(1)に載せられた天皇について整理し、その父院のデータを付加して作成したものがこの表である。表の年齢の欄に見えるように、大体一〇世紀の初め頃まで（表3の区分で行くとⅠ期・Ⅱ期）は一五歳が多く、Ⅲ期以後は一一歳あたりに落ち着き、先例化したようである。表全体の平均年齢は一二・一歳であり、社会的な風俗であるので、践祚年齢のように

表3　践祚後元服の儀を遂げた天皇
『天皇御元服諸例』（宮内庁書陵部所蔵、伏見宮家旧蔵本）により作成

		天皇名	元服年時A	年齢	父	父の崩御年時B	B－A
Ⅰ	1	清和	貞観六（八六四）・一・一	15	文徳	天安二（八五八）・八・二七	▲6
	2	陽成	元慶六（八八二）・一・二	15	清和	元慶四（八八〇）・一二・四	▲2
Ⅱ	3	朱雀	承平七（九三七）・一・四	15	醍醐	延長八（九三〇）・九・二九	▲7
	4	円融	天禄三（九七二）・一・三	13	村上	康保四（九六七）・五・二五	▲5
Ⅲ	5	一条 ※	永祚二（九九〇）・一・五	11	円融	正暦二（九九一）・二・一二	1
	6	後一条	寛仁二（一〇一八）・一・三	11	一条	寛弘八（一〇一一）・六・二二	▲7
	7	堀河 ※	寛治三（一〇八九）・一・五	11	白河	大治四（一一二九）・七・七	40
Ⅳ	8	鳥羽	天永四（一一一三）・一・一	11	堀河	嘉承二（一一〇七）・七・一九	▲6
	9	崇徳 ※	大治四（一一二九）・一・一	11	鳥羽	保元一（一一五六）・七・二	27
	10	近衛 ※	久安六（一一五〇）・一・四	12	鳥羽	保元一（一一五六）・七・二	6
	11	高倉 ※	嘉応三（一一七一）・一・三	11	後白河	建久三（一一九二）・三・一三	21
Ⅴ	12	後鳥羽	文治六（一一九〇）・一・三	11	高倉	治承五（一一八一）・一・一四	▲9
	13	土御門 ※	元久二（一二〇五）・一・三	11	後鳥羽	延応一（一二三九）・二・二二	34
	14	後堀河 ※	承久四（一二二二）・一・三	11	後高倉	貞応二（一二二三）・五・一四	1
	15	四条	仁治二（一二四一）・一・五	11	後堀河	天福二（一二三四）・八・六	▲7
	16	後深草 ※	建長五（一二五三）・一・三	11	後嵯峨	文永九（一二七二）・二・一七	19
Ⅵ	17	後宇多 ※	建治三（一二七七）・一・三	11	亀山	嘉元三（一三〇五）・九・一五	28
	18	後伏見 ※	正安二（一三〇〇）・一・二	13	伏見	文保一（一三一七）・九・三	17
	19	花園 ※	延慶四（一三一一）・一・三	15	伏見	文保一（一三一七）・九・三	6
	20	後小松 ※	至徳四（一三八七）・一・三	11	後円融	明徳四（一三九三）・四・二六	6
	21	後花園 ※	永享三（一四三一）・一・三	13	後崇光	康正二（一四五六）・八・二九	25

注：※印は、父院の存生中に元服が行われた天皇。▲印は、マイナスの数値を示す。

極端に低年齢化するようなことはない。(2)

表3の天皇名の欄に※印で示したように、父親（当然上皇である）が存命中に元服の儀が行われるようになるのは、Ⅲ期以降であり、Ⅰ・Ⅱ期では、父である天皇が在位中に崩御し、皇太子であった皇子がそのまま践祚した後に元服の儀を迎えるというパターンである。Ⅲ期の一条天皇の場合も、こちらのパターンに含まれるかもしれない。なぜなら、一条の父円融は、その兄冷泉の皇子師貞（花山）に皇位を継承するまでの中継ぎ的な存在であったらしく、皇太子師貞が天元五（九八二）年、一五歳で元服するとその二年後に譲位を余儀なくされたのであるが、一条の外戚の藤原兼家らが策謀をめぐらし花山を退位させてしまったことによって、皇太子に立てられていた自身の皇子（懐仁）が践祚したからである。そしてそのような政治的な事情を背景に、当時天皇元服年齢として一般的であった一三～一五歳より早めて一一歳で元服したと考えられ、普通ならば、円融の在位中に元服を遂げ、その崩御を待って一条の即位となったものと考えられよう。

とにかく、Ⅲ期の終わり、堀河天皇の頃から諸種の事情で践祚の年齢が早められた結果、元服以前の場合が多くなり、表3に見えるように、父院の死とは無関係に践祚、その後に元服というパターンが増加し、「天皇御元服」ということが、公事の一つに位置づけられ、関係の儀式書が作成されるようになったと考えられる。

さて、この章では、Ⅳ期からⅤ期にかけて現れる、元服前に践祚しただけではなく、在位中にも元服に至らなかった天皇、具体的には六条・安徳・仲恭の三天皇を、幼帝（幼いまま天皇として即位し、幼いままその地位を去った天皇）として抽出し検討してみたい。ここでは、幼くして即位しても、在位中に元服の儀を遂げられた天皇、つまり表3にあげられた天皇から漏れた三人をあえて対象とするのである。

確かにこの三人の皇位を去った事情は、特に安徳は治承・寿永の戦乱によって、平家の滅亡に巻き込まれて命を失ったことによるし、仲恭も承久の乱によって祖父や父院らへの処罰に巻き込まれて皇位を追われることになった訳であるが、それだけにすまされない、本書で問題としている王家というものの構造に起因する要因もあるのではないかと考え、検討してみたいと思う。

第一節　六条天皇

六条天皇の父二条天皇は、その父後白河と対立していたことは、『平家物語』などにも描かれよく知られている。

その後白河は、普通ならば、父鳥羽の崩御によってそのまま王家の長の座にすわれるはずであったが、その即位は、自身の皇子守仁（二条天皇）の皇位に即けるために便宜的になされた政治的手続きと言ってよく、極めて不安定な立場におかれていた。

すでに皇統は、王家の女院美福門院によって養育されていた守仁の子孫に定められており、後白河は、治天となっても皇統決定権を掌握できていなかったのである。二条は、政治的イニシアティブを掌握し、実父であっても王権の長の座につかせず、このままでは後白河は、保元の乱で自ら退けた兄崇徳と同じような状況に追い込まれる恐れがあった。しかし、永暦元（一一六〇）年一一月、美福門院が崩御し、翌年平滋子との間に皇子（憲仁）を儲けると、後白河はすぐさまその状況の打開に動き出す。

憲仁誕生直後から、毎年のように憲仁擁立や二条天皇に対する呪詛などの嫌疑で、時忠を始めとする後白河の近臣たちが解官されたり配流されたりしたが、それらは一種の示威行為として天皇側に受け止められたはずであり、その背後には後白河がいた。二条天皇側もそれに対して対抗措置を講じた。その一つが、大殿忠通・関白基実との提携であり、(3) キイ・パーソンの清盛も長寛二年二月の忠通薨去の直後の四月、基実と娘盛子との婚儀を実現しており、これは忠通生前に取り決められたものと考えられ、すでに権中納言にまで昇進していた清盛としては、子孫の公卿の家としての将来を考えての天皇サイドとの提携であったと思われる。また、二条天皇は、鳥羽によって創設された王家の宝蔵（勝光明院）と後白河によって新たに設置された蓮華王院の宝蔵に所蔵されている王家の「家記」の掌握にも努めていた。(4)

しかし、残念ながら二条天皇には時間がなかった。永万元（一一六五）年八月、病に陥ったことを機に、二条天皇は、生まれたばかりの皇子に譲位し、早く院政を行うことが目的というよりも王家の長としての体裁を整えることを急いだようである。これが六条天皇であるが、伊岐致遠という徳大寺家の家司の娘との間に生まれた皇子であり、母の出自が低く然るべき外戚もいなかったが、基実を摂政に就け、准母にも忠通の娘(5)で二条の中宮であった育子が配された。いずれは、皇統決定権を行使して、別な皇子を皇位に即ける予定だったたかもしれないが、二条は譲位後ひと月で崩じてしまい、さらに翌二年七月、摂政基実も二四歳の若さで急死してしまう。幼帝六条一人が廟堂に残され、二条の構想は完全に瓦解する。

この段階に至り、後白河は名実ともに王家の長として皇統決定権を行使し、平滋子との間に生まれていた憲仁を六条天皇の皇太子とする。基実の跡を継いで摂政となった弟基房は、摂関家領の主たる部分を清盛の娘盛子が「大殿」の立場で管理下に置いたため、その回復を目指して後白河と接近していく。清盛も自身の妻宗子の姉妹の子が次の天皇を約された訳であり、その新しい皇統に将来を託することになる。

六条天皇は、仁安三（一一六八）年二月一九日に譲位し、五歳で太上天皇号を奉られ新院とよばれた。その御幸に参仕した藤原実房が「此の齢の太上天皇、古今未だ聞かざる事か」（『愚昧記』仁安三・四・九）と記すように、前例ない幼い上皇として認識され、そのことは、『平家物語』などにも「未だ御元服なくて、御童形にて太上天皇の尊号ありき。漢家・本朝、是ぞ始めなるらむと、めづらしかりし事也」（延慶本）と同じように受けとめられている。

退位後の六条は、准母[6]の許ではなく、後白河の御所に暮し、高倉天皇の生母建春門院らの保護下にあったようで（『玉葉』承安二・四・一二）、王家の長の管理下に置かれたと考えてよいであろう。そして、後白河は、流動する政治状況を鑑みたのであろう、六条の扱いには相当に意を払ったようである。六条の院の別当は、勧修寺流の藤原成頼を任じ（『兵範記』仁安三・三・一一）、彼は、後白河の有力な近臣の一人というだけではなく、別稿[7]でも触れたように、院の評定に「備二顧問一之人々」の一人として藤原忠雅（太政大臣）・同経宗（左大臣）・源雅通（内大臣）・藤原資長（権中納言）・平親範（参議）らと並んで招集される一人であった（『玉葉』嘉応二・一・二三）。

六条は、これ以上歴史に足跡を残すことなく、八年後、「痢病」によって藤原邦綱[8]の亭に移され、そこで崩じている（『百錬抄』安元二・七・一七）。このように若くして崩ずることなく、皇子でも誕生していれば、その皇子たちは、孫王よりも上位の存在として、王家内部にストックされることになり、場合によって皇統に復帰することもあったかもしれない。

二条は、王家の長であった鳥羽よりその継承者として選ばれたはずであったが、それを保証する女院（美福門院）を失ったことは、その皇統を不安定なものとしたようである。そして、父院の二条も摂関の基実もいなくなれば、残された六条に皇統を維持することは不可能である。天皇は、すでに王家を稼働する重要な歯車の一つであったに過ぎない。しかし、幼帝という歯車だけでは、王家を稼働させることはできないのである。

第二節　安徳天皇

安徳天皇の即位

治承二（一一七八）年一一月一二日、清盛以下平氏一門が待ち望むなか、高倉天皇中宮の徳子は皇子を生んだ。承安元（一一七一）年一二月に入内してからすでに七年が経とうとしており、天皇には、前章で触れたようにすでに懐妊中の女房が複数おり、皇子を生む可能性があった（実際、前述のように翌年二月と四月に守貞・惟明の二人の皇子が誕生する）。もし徳子に皇子が生まれなければ、清盛の目算は大きく狂うことになったが、神仏は清盛に味方した。

誕生した皇子（言仁）は、ひと月後には立太子が行われ、二年後の治承四年には践祚する（安徳天皇）。たしかに清盛は、確固たる外戚の地位に着いた。その翌年一一月、徳子に院号宣下が行われ、女院に冊立される（建礼門院）。すでに治承三年一一月のクーデターによって、後白河の治天としての権限は凍結されており、これで清盛の手中には、天皇とその父院、そして国母たる女院、ついでに摂関（基通）とすべてそろった訳で、さらに新しい都（福原）まで用意して、清盛がイメージしていた王朝は完成したと自負したであろう。しかし、清盛には、白河、さらにさかのぼって後三条以来、形成されてきた王家という存在が見えていたのだろうか。

一つの理解として、清盛が天皇・上皇を引き連れ、都を強引に福原に遷しただけで、朝廷をまるごと掌握したと考えていたならば、それは大きな誤解であったろう。朝廷の機能は、すでに大内裏の中にはなく、広く京内外の寺社やその国家機能を「家」内部に請け負っていた貴族・官人の私邸の中に溶け込んでいた。そして王家も、天皇・院・女院・摂関を核とするが、それだけではなく、累積しつつあった他の女院たち、比叡山や三井寺、仁和寺など送り込まれた法体の皇子たち、そして彼らに庇護されている皇統からはずれてしまった皇子たちなどが、無数に大小の御願寺や邸宅などに棲息する、複雑な構造を持った巨大なコングロマリットというべき状態に化していた。その頂点に座した後白河すら、その全体をはたして把握していたのだろうか。清盛がそれを視野に入れた上で、肥大化し統制不能の部分を整理したいと考えての福原遷都だったのならば、それはそれで画期的な企てと評価できるのかもしれないが、一年と持たなかったことからみれば、時期尚早だったということになる。(9)

寿永二年七月二五日、木曽義仲以下の軍勢に追われて、平氏は、安徳天皇を連れて京都を脱出する。いわゆる平家の都落ちである。幼い天皇は乳母や女房たちに守られ、「剣璽」を携えて内裏を出たが、その際、平時忠は急ぎ内裏に駆け付け、「内侍所御鏡許りを取るならびに玄上・鈴鹿・御笛筥・御倚子・時簡等」を回収し、天皇の後を追った（『吉記』寿永二・七・二五）。さすが朝儀に詳しい時忠である。三種の神器（剣璽と内侍所の鏡）のみならず、天皇の地位とセットとなっている御物をすべて持ち去っていってしまった。

天皇の不在は確かに大問題であったが、すでに七月末には「立王事」が朝廷上層部の話題に上がっており（『玉葉』寿永二・七・三〇）、三種の神器がない中での新帝擁立の手続きについての議論が始まっている。安徳が「不慮脱屣」（同前八・一九）、つまり思いがけず皇位を去ったということで、新しい天皇を立てること自体についての議論はなかったようである。(10)

しかし、後白河は決断を下さず、「官寮」（神祇官と陰陽寮）に占わせるも、はっきりとした意志を示さなかった。後白河としては、いまだ平宗盛らとの交渉によって、天皇と三種の神器が返還される可能性を考えていたようであるが、これはいまだ京都や後白河の周辺にも平氏とつながりのあった者が男女ともに多く残っており、その者たちにも意をめぐらさなければならなかったからであろう。

むしろ左大臣藤原経宗・右大臣兼実以下の廟堂で実務を担う貴族たちの方が新天皇冊立を急いでいた

感がある。兼実は、当時の情勢を「大略、天下の体、三国史の如きか、西は平氏、東は頼朝、中国に已に剣璽無し、政道偏へに暴虐と枉弱となり」と見ていた（『玉葉』八・一二）。天下は「三国史」のように、西の平氏、東の頼朝が並び立つ中で、「中国」つまり朝廷には「剣璽」がないがため、つまり天皇不在であるために「枉弱」な状態にあり、それを打開するために、「立王事」を急ぐべきというのが兼実以下廷臣らの意見であった。兼実が、立王を急ぐことの理由として第一に京都の治安の安定化に天皇が必要であること、第二に平氏追討の兵を派遣するためにもやはり天皇が必要であることをあげているのも（本章注10参照）、天皇がいなければ、正式な国家の意志を示せないからなのであろう。たとえ歯車であっても、欠けていれば国家はうまく機能せず、はずされて持ち去られた歯車は、早く新しいものに交換する必要があったのである。

さらに推測するならば、今回の義仲以下の勧賞について、どのような手続きで行うべきか、兼実と経宗の間で交わされた意見として、院の殿上で除目を行い、下名だけ春秋の除目のように「官外記庁」で行ったらよいのでは、という経宗に対し、兼実は、「官外記庁」において下名を行うならば、実態として院からの指示を遂行していても、正式な朝廷の命として宣旨や官符を出すためには、除目も陣で行うべきであるという意見であった（『玉葉』寿永二・七・三〇）。兼実は、除目というもっとも重要な朝廷の政務が、「院殿上」ですべて行われてしまうことに懸念を抱いており（同前）、たとえ任人折紙などで叙位・除目に場に院の意志が直接反映される時代[11]であったにしても、摂関を交え、正式な場と手続きを経ることによって、一程度の抑止力が働いていることを知っていたからの発言であろう。次に立つのも幼い天皇であることはわかっていたが、歯車がきちんとはめ込まれていなければ、国家機能はうまく稼働しないことも兼実らにはわかっていたのである。

「両主の疑い」

八月二〇日、「御名字」を尊仁と決められた皇子は、太上天皇の詔によって、皇太子とされ、そのまま践祚した（後鳥羽天皇）。「先主」安徳天皇に対しては「尊号」を奉ることが決定された。そうしなければ「両主の疑い」つまり天皇が同時に二人いることになってしまうという理由によるが（『玉葉』八・一九）、この時正式に手続きが行われたかは不明である。[12]

周知のごとく、平氏とともに都を脱した安徳天皇は、瀬戸内海を九州に向かって西へ移動していった。以下平氏の動向をたどると、まず福原に下った後、八月には備前国辺り、九月には周防国に達し、一〇月初旬に九州入りしたらしい。[13]

『平家物語〔延慶本〕』には、大宰府に里内裏を造営し、「旧都還幸」を祈願するために宇佐八幡宮に参詣したという話が載せられているが、一〇月二〇日には、九州を出て四国へ向っているので（『吉記』寿永二・一一・四）、「造営」や「参詣」は時間的に無理と思われる。[14]閏一〇月頃には伊予国辺りに滞在との噂があり、一一月には讃岐国に入って屋島に落ち着いた。[15]この頃、対岸の備前国室泊あたりへも兵を送り、源行家の軍勢と交戦・撃破して[16]勢力を挽回しつつあった平氏は、年が変わって寿永三年の正月末には福原までもどってきている。この時期の貴族の日記を見ると、前年一一月の法住寺合戦以後、木曽義仲が急速に人望を失ったのに対し、平氏入洛の噂が頻繁に飛び交っていることが知られる。

注目すべきは、当時の京都の貴族たちに、現在の天皇に対する認識に一種の揺らぎを生じていることであろう。

表4は、当時の貴族の日記に見える安徳天皇に対する呼称を、時間的な流れにそって重要な史実とともに整理したものである。表に見えるように「都落ち」してからもしばらくは「主上」「人主」と呼ばれていたが、八月二〇日の後鳥羽天皇践祚後は、おおむね「旧主」「前主」と呼ばれるようになったのは当然であろう。ところが、寿永二年末頃から再び、西にいる「主上」の意味で「西海主」とか、もっと端的に「主上」とよばれるようになる[17]。

表4　西下後の安徳天皇の呼称

治承四（一一八〇）	四・二二	安徳天皇即位。		
治承五（一一八一）	閏二・四	清盛死去。		
寿永二（一一八三）	七・二五	平家都落ち。	「主上」	『吉記』他
	七・二七		「人主」「主上」	『玉葉』
	七・二八		「幼主」	『吉記』
	七・三〇		「主上」	『玉葉』
	八・二		「主上」	『玉葉』
	八・六		「主上」「人主」	『玉葉』
	八・一九		「前主」「先主」	『玉葉』
	八・二〇	後鳥羽践祚。		
	九・五		「旧主」	『玉葉』

	一〇・九　頼朝、本位に復す。		
	閏一〇・一三	「主上」	『玉葉』
	一一・一四	「旧主」	『玉葉』（宗盛書状）
	一一・一九　法住寺合戦。		
	一二・二四	「西海主君」	『玉葉』
寿永三（一一八四）（元暦元）	一・五	「西海主」	『玉葉』
	一・一〇　木曽義仲を征夷大将軍に補任。		
	一・二〇　木曽義仲敗死。		
	二・四	「主上」	『玉葉』
	二・八　一の谷の合戦。		
	二・二九	「主上」	『玉葉』
	三・二八　頼朝、正四位下に叙される。		
	四・一六　改元（元暦）。		
	六・二四	「西主」	『玉葉』
	七・二八　後鳥羽天皇即位（太政官庁）。		
	一一・一八　大嘗会。		
元暦二（一一八五）（文治元）	一・六	「大やけ」	『吾妻鏡』（範頼宛頼朝書状）
	二・一九　屋島の戦い。		
	三・二四　壇の浦の戦い（平氏滅亡）。	「先帝」	『吾妻鏡』
	四・四	「旧主」	『玉葉』
	七・三	「先帝」	『玉葉』
	八・一四　改元（文治）		
	八・二三	「先帝」	『玉葉』
	八・二八　東大寺大仏開眼。		
文治三（一一八七）	四・二三　「先帝」の尊号安徳天皇を定める。		『百錬抄』

この揺らぎは、翌年四月に元暦と改元してからも、いまだ平氏の強勢が伝えられる七月くらいまでは続いていたと考えられる（『山槐記』元暦元・七・六）。特に次の史料①のように、もしも平氏が安徳天皇を奉じて帰還してきたらどうすべきかということすら噂され始めていた。

①「巳刻、大外記頼業着二布衣一密々来、談二自身及世上事一、今日晩頭始可二出仕一云々、頼業云、**西海主君入御者、当今如何、若六条院之体歟**云々、余聊示レ所レ思、頼業有二甘心之色一…」

（『玉葉』寿永二・一二・一四）

大外記清原頼業は、「西海主君」安徳天皇が、京に戻ってきたら「当今」後鳥羽はどうなるのだろうか、もしかしたら六条天皇のような状態になるのか、と兼実に尋ねている。

そして次の『平家物語』のように、一国に「帝王」が二人存在するという「二主」観が京都の人々に生じていた可能性がある。

②「同廿日、法住寺ノ新御所ニテ、高倉院第四王子践祚アリ、…次第事ハ先例ニ不レ違ドモ剣璽ナクシテ践祚事、漢家ニハ雖レ有二光武跡一、本朝ニハ更無二其例一、此時ニゾ始レリケル、内侍所ハ**如在ノ礼**ヲゾ被レ用ケル、**旧主已被レ奉二尊号一、新帝践祚アレドモ、西国ニハ又被レ奉レ帯二三種神器一、受二宝祚一給テ、于レ今在レ位、国ニ似レ有二二主一歟**、天ニ二ノ日ナシ、地ニ二ノ主ナシトハ申セドモ、異国ニハ加様ノ

例モ有ニヤ、吾朝ニハ帝王マシマサデハ、或ハ二年或ハ三年ナムド有ケレドモ、京田舎ニ二人ノ帝王マシマス事ハ未聞、世末ニ成レバ、カヽル事モ有ケリ…」（『延慶本平家物語』第四）

史料②によれば、後鳥羽天皇践祚に際して、内侍所（三種の神器の鏡）はこれまでも現物が人目にさらされることはなかったので、「如在ノ礼」つまり現物は平家が持ち去ってないが、そこにあることにしてすませ、「旧主」安徳には尊号（太上天皇）を奉って「新帝」後鳥羽が皇位についたが、西国には、三種の神器を携えて、正式な手続きで即位した天皇がそのままいる以上、国家に二人の「主」つまり天皇がいるようであるという。

あくまで後代に著されたものであるから、そのまま当時の認識を示すものとして取り扱うことができないのは言うまでもない。しかし、前述のように後鳥羽が践祚するにあたって、早く安徳に対し「先主」としての尊号を送らなければ、「定めし両主の疑いあるか」という意見が実際に朝廷で出されており（『玉葉』寿永二・八・一九）、「二主」（両主）観は人々の頭の中から払拭されないまま、西海における対平氏との戦況によって大きくなったり小さくなったりしていたものと推測される。

ただし、史料①で、頼業が六条天皇の例を引き合いにしている点について考えてみると、後鳥羽も六条も、そして安徳もこの段階でみな幼帝であり、三人とも父院や女院の庇護を失っている存在であることに注意すべきであろう。このような幼帝は、王家においては、鳥羽もその子の崇徳もある意味同じような立場でスタートしており、場合によっては同様の状況に立たされたかもしれないのである。前述のように彼らはみな交換可能な歯車であったのであろう。このような存在は、新たな東国の王権鎌倉幕府にも見出すことが可能かもしれない。幼帝は、中世の王権において必然的に現れる存在なのかもしれないのである。

負の遺産としての幼帝

王家の形成にともない、天皇の歯車（国家の装置）化が進行する中で、特に幼くして即位させられ、幼くして退位させられた六条は、さらに幼いまま崩じたこと[18]によって、その後の朝廷の「歴史」の中に深い傷跡を残すことになった。

安徳天皇の即位に際し、『平家物語』（延慶本第二中）では、あまりに幼すぎるとの批判に対し、平時忠は、中国の例に加え「吾が朝には又近衛院三才、六条院二才、皆天子の位を践ぎ、万乗の君と仰がれ給ふ」として近衛・六条天皇の例を挙げて反論し、それに対し、「其の時の有職の人々」は、「穴おそろし、ものいはじ。されば夫はよき例にやは有る」と言ったというエピソードを載せている。

恐らくこのような認識は当時実際にあったものと考える。安徳天皇が平氏と共に西海に落ちていった後、四歳で即位した後鳥羽の衣装をめぐって、すでに六条院の例は「頗る以て不快」とされており（『玉葉』寿永二・八・一九）、その即位式の日次をめぐって、七月一七日癸卯と二六日壬子が候補として上がった際にも、「三代の吉例桓武・白川・堀川」（桓武は四月一五日、白河は一二月二九日、堀河は一二月二九日に即位しているが、すべて癸卯の日）に対し、「一度の不快崇徳院」（崇徳は二月一九日癸卯の日に即位）に加えて、七月一七日は「六条院登霞の日」であることが問題となり、諮問された大外記の清原頼業は、「六条院の登霞尤も憚りあるべきか」と応答している（『玉葉』元暦一・六・二四）。すでにもっとも不快な例として認識されており、後に四条天皇即位の際にも二歳即位の「六条院の例」は不快とされている（『民経記』貞永元・閏九・二九）。

第三節　仲恭天皇 ―承久の乱と仲恭天皇の廃位―

承久三（一二二一）年四月に行われた仲恭天皇（四歳）の践祚は、父順徳がその父後鳥羽の関東に対する軍事活動を積極的に助けるために、規制の多い天皇の地位を離れることを目的としてなされたものと理解されてきた。それは確かにもっとも重要な要因ではあったであろうが、それだけではなく、万が一の場合においても（後鳥羽はあまり想定していなかったとは思うが）、王家の長を継承する皇統が、順徳の子孫であることを明確にしておこうという目的もあったのではないかと思う。

仲恭の摂政には、その外戚である九条流摂関家の道家が選ばれたが、それはすでに建保六（一二一八）年の立坊に際し、その東宮傅に道家が任ぜられた段階から予定されていた人事であった。しかし、順徳の関白である近衛流の家実を外してまで、まだ二九歳と若い道家に替えることを日程に上らせたのは、すでに指摘されているようにライバル関係にある近衛・九条の両摂関家をバランスよく使って、院の政治的イニシアティブを確保していこうという後鳥羽の政略の一環によるものであることは確かである[19]。

しかし、ただそれだけではなく、倒幕の挙兵に反対の立場をとる西園寺公経の娘婿であり、その子三寅が実朝亡き後の将軍に予定され、すでに鎌倉に下向している道家をあえて新帝の摂政としたのは、戦乱の結果如何に関わらず、順徳の皇統による安定した王家継承のためという深慮も働いていたのではないだろうか。

周知のごとく幕府との武力衝突は、後鳥羽方のあっけない敗北でおわったが、その後の幕府による戦後処理は苛烈であり、後鳥羽以下の廟堂の人々にとって想像を絶するものであった。三上皇やその皇子たちまで、単に京外に出されるだけではなく、臣下のように「流刑」に処され（『愚管抄』巻二）、隠岐や佐渡などの僻遠の地に配されてしまったのである。そして慈円が『愚管抄』（巻第二）に「俄ニ主上・摂政臣改易、世人迷惑云々」と記すように、何よりも仲恭天皇が廃されたことが大きなショックであったのではないだろうか。幼帝仲恭は、確かに王家内部においては、歯車の一つに過ぎない訳であるが、形式上は国家の頂点にある。それではいかなる権限で天皇を「改易」できたのであろうか。

『百錬抄』には、この「御践祚の事」つまり仲恭天皇を廃し、後堀河を擁立することは「関東」が申し行なった、つまり幕府が行なったと記されている（承久三・七・九）。幼い仲恭天皇に乱を引き起こした責任がないことは誰もが認識していたことであろうが、すでに指摘されているように、乱の首謀者である後鳥羽の治天の権限を停止し、さらに積極的に加担した順徳がその地位を継承しないように仲恭天皇を廃したと考えるのが通説である。ただ、後鳥羽・順徳を配流することを決定した点は理解できるが、天皇を替えるという点については、慈円が記す「世人迷惑」、つまり朝廷内外におけるリアクションは当然として、仲恭の摂政が九条流の道家であったことも考慮に入れると、幕府内部においても議論があったのではないだろうか。

古代以来の国家体制のトップにある天皇を交替させるという権限が、半ば体制外に存在する幕府（この時は征夷大将軍そのものも不在）にないのは自明のことである。それでも実行が可能だったのは、軍事的に圧倒し首都を制圧したということに加えて、形式的な国家体制ではなく、王家の問題として、その内部に踏み込んで処分を行ったという理解も可能かと思われる。

幕府という存在が、国家体制の外にあっても、また内にあっても、いまだ強固に存在する体制のトップである天皇をすげ替えることは簡単ではないことを幕府の首脳部も認識していたであろう。幕府としては、天皇を交替させるというよりも、乱の首謀者である後鳥羽—順徳の皇統を王家より排除する必要があり、その皇統である仲恭は当然一緒に排されなければならないという論理だったのはないだろうか。それは、幕府が王家の長が所有する皇統決定権を掌握し、それを行使したとまでは考えるべきではないであろう。後鳥羽を王家の長の地位から放逐し、その決定した皇統を無効にし、前の王家の長であった後白河が指示した高倉の皇統は維持したまま、その中で後鳥羽の兄にあたる守貞（後高倉院）に継承させることにしたのである[20]。

幕府が直接守貞を選んだわけではなく、王家の女院、恐らく宣陽門院あたりが推薦し、幕府もそれを認めたのであろう。以後、幕府が認めなければ皇位につくことが難しくなるのは確かであり、この段階で、皇位決定権が幕府に握られたということになるが、皇統決定権の掌握にまでは及んでいないと考えるべきである。

第四節　四条天皇と藤原道家

後堀河の後宮と四条天皇践祚

後高倉の皇統による王家の再建は、結局のところ失敗に終わったのではないだろうか。

その再建への具体的な方策については、曽我部愛氏の研究[21]に詳細に明らかにされている。幕府から返還された後鳥羽の所有する荘園群（八条院領）を中心とする経済基盤の整備、皇統に属する皇子たちを法親王として門跡寺院に配置し、さまざまな諸職の獲得など、特に貞応二（一二二三）年、後高倉院がわずか二年で崩御してしまった後、その妃であった北白河院陳子[22]を中心に積極的に展開され、それがかなり急速かつ強引であったためであろうか、曽我部氏が明らかにされているように、あちらこちらでトラブルを生じている。

王家の長たるべき後堀河院は二年足らずで崩御し、王家の女院を継承すべき藻壁門院（藤原竴子）も院号宣下後五カ月で同じく崩御してしまい、父母に先立たれた四条天皇も在位一〇年、一二歳で不慮の死を遂げ、この皇統は断絶する。実に不運な皇統というべきであろう。

四条天皇の在位中、外戚である藤原道家は健在で、むしろ権力の頂点に達していたというべきであるが、すでに道家の脳裏には、この皇統の将来に不安の念が生じていたようである。特に娘の藻壁門院崩御後は、この皇統を支えていこうという意識は、急速に冷めつつあったのではないだろうか。践祚後、一一歳で元服を遂げ（『百錬抄』仁治二・正・五）、ここでいう幼帝の範疇に入らない四条天皇であるが、場合によってはその一人に数えられる可能性もあったように思われる。以下のそのあたりの事情を検討してみよう。

幕府の支持の下、後高倉の皇統（後堀河天皇）に妃を入れるということで、最初にアプローチをかけた上級貴族は、摂関家でも西園寺家でもなく、閑院流の藤原（三条）公房（当時前太政大臣）であった。即位の翌年の貞応元年に娘の有子を入内させ（『百錬抄』貞応元・一二・一七）、彼女は翌年二月に中宮に立后されている（『女院記』）。それまで政治的にあまり目立たなかった公房が、このようなチャンスに恵まれたのは、後白河皇女で膨大な長講堂領を継承している宣陽門院[23]（覲子内親王）の存在が大きかったようである。

公房の女有子の母は、『尊卑分脈』などによれば、従三位藤原範能（信西の孫にあたる）の娘であるが、この範能は後白河院近臣の一人で、院と「丹二位」とよばれた高階栄子との間の皇女である覲子（宣陽門院）の内親王及び准后宣下の際に内親王御所で申次を行っており（『玉葉』文治五・一二・五）、宣陽門院に極めて近い人物であった。範能の子有能は「丹二位」の孫であったというから（『玉葉』建久二・一一・五）、彼は栄子と前夫平業房の間の女子を妻としていたことになり、有子の母もその同腹の姉妹であった可能性が強い。

後鳥羽の皇統が外された後、王家の中でもっとも権威ある女院は、建暦元（一二一一）年の八条院の死後、この宣陽門院であったと考えてまちがいなかろう。

新しい皇統の後宮の撰定は、当時政界に隠然たる力を持っていた宣陽門院の意向が働き、まず自分の女系の曽孫である公房の娘に白羽の矢を立てたのではないだろうか。前太政大臣であった公房は、次の史料③に見えるように、この宣陽門院の執事を務めており、当時女院に奉仕する貴族の一人で、上級貴族ではもっとも近い存在であったようである。

ところが有子は、突然、中宮の座を摂関家の家実の娘長子に取って替わられてしまう。

③「宣陽門院養子姫君、有二入内之儀一、后宮父相国、惣依二不快一、可レ被レ止二女院執事一、以二後院大臣一可レ被レ改、庄〻皆可二改易一云々、非二啻長門宮之怨一、兼失二世路之計一歟、昨是今非、世上何為哉、…」

（『明月記』嘉禄二・二・二五）

嘉禄二（一二二六）年二月、入内の儀を遂げた「宣陽門院養子姫君」が長子で、彼女は、前年一〇月に宣陽門院の猶子となっている[24]（『岡屋関白記』嘉禄元・一〇・七）。この後四月には、有子は内裏を退去させられた上（『民経記』嘉禄二・四・二六）、七月には、有子は皇后に移され、長子が中宮として立后された（同前七・二九）。

この突然の後宮の交替劇について、記主の定家は、公房が女院より「不快」ということで執事を辞めさせられ、かつ預かっていた荘園もすべて改易されたということを理由として記しているが、それは建前上のものであり、実際は、宣陽門院が父後白河と近かった近衛流の摂関家とともに、新たな王家の中核となる女院を冊立しようと試みたというのが実態であったろう。

しかし、後堀河天皇の後宮は、もう一度転変をくり返す。安貞二（一二二八）年一二月、突然関白が家実から道家に交替となり、翌寛喜元年、道家の娘竴子が入内し（翌年中宮冊立）、今度は長子が内裏を退去させられることになる。

④「謳歌事、去夜北白川院御使越中入道信重帰洛云々、関東将軍献二挙状一云々、謳歌事已宣下、内裏自レ本無二御承諾一云々、今日為二北白川院御使一右大将実氏卿四个度参内云々、頗御歎之外無レ他、而推大略宣下歟」

（『民経記』安貞二・一二・二四）

この安貞二年の関白の交替については、曽我部氏が指摘されているように、後堀河の生母北白河院からも関東に働きかけていることが知られるが、この史料④に「頗る御歎きの外、他無し」とあるように、後堀河天皇の強い反対を押しのけての人事であり、北白河院と道家によって企てられた宮廷クーデターであったらしい。そして続く道家の女竴子の入内は、宣陽門院にとっては一見自らの構想を無にする行為のように見えるが、皇子女がなかなか期待できない長子[25]を竴子に替えることについては、宣陽門院も了解済みだったのであろう。史料④に見える「関東将軍」の「挙状」がどれほど幕府の政治的意志が反映されているのかは定かではない。しかし、幕府によって擁立されながら、王家の長が不在の状況の中で、その効果は大きなものがあったであろう。宣陽門院もこの不安定な王家内部で自身の地位を安定化させるため、将来を見据えての政治的判断であったと考えられる。

寛喜三（一二三一）年二月、竴子に待望の皇子が誕生し（秀仁）、一〇月には皇太子となる。道家にとっては、二度目の外戚の地位を手に入れた訳で、その強運には驚くばかりであるが、北白河院、さらには宣陽門院もひとまず安どしたことであろう。

道家は、この年の七月に関白職を長子教実に譲り、九条流摂関家による摂関の地位の確保を成功させる一方、幼い皇太子の践祚を急いだ。そうすれば、後堀河が王家の長に座しその下に外孫の天皇が配置されるという王家の安定が得られるわけで、ひいては自身の権力の拡大にもつながるからである。そのためには、関東の承認を得る必要があるが、彗星出現を機に後堀河譲位を、という朝廷の申し出に対し、案に相違して関東（執権北条泰時）の反応は「頗不快之体」であった（『民経記』貞永元・閏九・二九）。寛喜の大飢饉がまだ収まった訳ではなく、朝幕ともに徳政を行なわなければならない時期に、大嘗会など諸国に出費を強いることになることは避けるべきというのが泰時の考えであった[26]。

それでも道家は強行する。「世上の大事、一向大殿骨張せしめ給ふ」（同前閏九・二八）と見えるように、「一向」道家が主導し、それを抑えられる者はすでに廟堂には誰もいなかった。

貞永元年一〇月四日に四条天皇が践祚したが、その際、前天皇からそのまま渡されることが通例であった内侍たちの中から、近衛流の家実に近い者だけはずされ、それが再び戻されるという人事の混乱が生じていたのも道家の強引さを際立たせるものとなった[27]。後堀河自身も、自分が座らせられる王家の長の地位がお飾りで、道家が全権を掌握することを察知していたのであろう、「御歎の色」を顕わにし、譲位には消極的であった（同前閏九・二八）。

これは道家による王家の乗っ取りと見なしてもよいかもしれない。彼自身としては、摂関家の曩祖道長を意識し、「大殿」である自身を中心に、外孫の天皇・娘の国母（氏の后、女院）、そして子弟の摂関による理想の時代の再現を目指したわけであるが、それを実現しようとした世界は、道長の時代とはまったく異なった土代の上に無理に花咲かせようとしたものであり、前章でも述べたようにそれは一瞬の夢で終わる。

道家にとって誤算だったのは、これらの情報が関東の泰時の耳にも届き、道家に対する不信感と警戒感を抱かせたことではなかっただろうか。

道家による後鳥羽・順徳両院の還京計画

前述のように天福元（一二三三）年九月藻璧門院が、そして翌年八月、後堀河院が崩御し、さらにその翌年、摂政教実までもが亡くなってしまい、道家の夢見た栄華の時代もほんのひと時で終わった。王家と摂関家の将来を担うべき人々が一瞬の間に消えてしまい、幼い天皇一人を抱えることになってしまった道家は呆然とする以外になかったであろうが、やがて自身の政治構想に大きな変更を企図したようである。

次の史料⑤は、九条流摂関家に近い立場にあった藤原定家の日記『明月記』に見えるものである。この時期は写本の状態があまりよくなく、意味が通りにくい部分がままあるが、あえて補いながら読んでみよう。

⑤「…近日巷説、家々抃悦、三月十八日、師員為二両殿下御使一、揚レ鞭馳下、遠島両主御□□事被二仰遣一、往還七日可二馳帰一、定納受歟之由□□事、毎家経営云々」

（『明月記』嘉禎元・四・六）

嘉禎元（一二三五）年四月六日、藤原定家は、最近の巷説として、先月一八日に中原師員[28]が「遠島の両主の御事」（後鳥羽院と順徳院の件）について、「両殿下の御使い」（道家と教実か）として関東に下向し、それが受け入れられると考えて準備を進めているという。これは、早く龍粛氏に指摘されているように[29]、後鳥羽・順徳両上皇の還京のための交渉であったらしい。

続いて『明月記』には次のような興味深い記事が載せられている。

⑥「未時許金吾来、永光朝臣為二禅室御使一来臨、隔二障子一謝レ之、日来世之所二謳歌一之重事、中務為継（丞カ）安聞二正説一云々、故高野相□□女九条院孫、菅相而（公カ）執二行其家事一、為二後見一其家女房為当時、妻、長成母也、朝家重事、存二国忠一、八度申二大殿一不珍（許）、九度申頗許容、十度申而遂被レ立レ使、又示二定高卿一、二度危思之、三度同心、又示二師員一二度辞退、三度尽レ詞、領状揚レ鞭之由、於二彼比丘尼家一自讃、聞者随□□□□元来其志尤懇切之人歟、其謀老目黒即（以下闕文か）」

（『明月記』嘉禎元・四・一六）

「金吾」つまり定家の息為家（参議・右衛門督）が参り、続いて藤原永光が「禅室」（西園寺公経）の使いとしてやってきたので、障子を隔てて対面した。

日来世間で話題となっている重要事項について、「中務為（丞カ）継安」が確かな説を聞いたという。「菅相而（公カ）」、つまり菅原為長（参議）は、現在の妻で子息長成の母がその家の女房であった関係で、「故高野相□□女九条院孫[30]」の「家」の事を執行し「後見」を行っていたが、「朝家重事」なので、「国忠」（国家に対する忠誠？）と思い、両院の還京のことを八度「大殿」道家に申上げ、九度目に許容され、十度目に関東に使いを派遣された。二条定高には二回危ぶまれたが三回目には同意を得、中原師員も二度辞退したが三度目に言葉を尽くして説得すると使いとして関東に赴いてくれたと自慢していたという。

「故高野相□□女九条院孫」の「家」を「後見」していた為長が、何故道家に進言するにいたったかは不明であるが、二条定高・菅原為長がともに道家の近臣であることは、本郷和人氏によって指摘されており[31]、また平経高の日記『平戸記』に見える夢の記事には、この為長が関わっている場合が多く、為長自身の「北野参籠の間夢想の事」を道家に報告することもあった（『平戸記』仁治元・正・一九）。天神信仰を中心とする夢の管理者的な存在として興味深い人物であり、この後鳥羽・順徳還京のことも彼が見た神仏の夢告によるものであった可能性があろう。

この時期は、『吾妻鏡』に「去る二月廿日以後、御不例追日増気す」（嘉禎元・四・一）と見えるように、摂政教実（二六歳）の病気が悪化しつつあった時期であり、三月二八日には亡くなってしまう。藻壁門院・後堀河院の死に続き、さらに嫡子教実の死までも迫りつつあった頃のことであり、為長の説得は、比丘尼の家における「自賛」の通り、相当に効き目があったのであろう。

派遣の直後に教実の死が起き、道家周辺の人々の不安がピークに達していたが、使いとして下った師員はなかなか帰洛せず（『明月記』嘉禎元・五・三）、五月の半ばになってやっと関東から届いた返事は次のようなものであった。

⑦「密々説、東方書状、家人等一同申二不レ可レ然由一之趣、以二泰時状一申、無二将軍御消息一、又別不レ申二禅室一由密語給云々、賢者之所レ案、向後尤不便」（『明月記』嘉禎元・五・一四）

泰時の返答は、御家人たちが皆反対しているというものであったが、泰時の意志は明確であり、将軍頼経も沈黙を強いられたようである。

この一件は、泰時にさらに強い警戒心を植え付けたと思われ、道家が犯したもっとも大きな判断ミスとしか評価しようがないが、考えてみれば、道家が意のままに君臨しようとした王家に今あるのは、幼い天皇だけであった[32]。まさに掌中の珠であるが、それだけでは王家を動かすことはできないことに今更ながら気づいたのではないだろうか。肥大化しつつある王家には、やはり強い求心力を持った存在がなければ、自身の権力もいつ瓦解するかわからない[33]。

道家としては、後鳥羽は無理でも順徳ならば、幕府の譲歩も可能ではないかと考え、関東への打診を試みたのであろう。しかし、もし道家の期待通りに順徳の帰京が実現した場合、どうなったのであろうか。恐らくは、いずれその皇孫を立てることを企図していたはずであり、その段階で四条天皇は、六条のようになっても仕方がない、というのが道家の考えではなかっただろうか。すでに道家の脳裏では、四条天皇はここでいう幼帝の一人になりかけていたように思える。

後鳥羽の怨霊

嘉禎四（一二三八）年二月、将軍頼経が大勢の随兵を引き連れ上洛した。二月二三日に参内した頼経は、権中納言に任ぜられ、二六日に検非違使別当を兼ね、さらに滞在中の三月七日には権大納言に昇った。それはそのまま大殿道家の威勢を京洛の内外に示すデモンストレーションになったことであろうが、この威容に道家自身も目が眩んでしまったのではないだろうか。

道家は、四月一〇日には頼経の猶子としていた子息福王をそれまで代々皇族のみが門跡となっていた仁和寺に入室させ（開田准后法助）、その儀に道家以下が列席するとともに、頼経に警衛させているのも一連のパフォーマンスの一つであったろう。そして、四月二五日に法性寺殿において行われた道家自身の出家がその仕上げであった（以上、『公卿補任』『吾妻鏡』による）。明らかに曩祖道長を意識したものであろう。

泰時も頼経に従って上洛し、道家にも対面したはずであり、一〇月末に鎌倉に戻るまでこれらのイベントを目の当たりにしたであろうが、どのような思いを抱いたのであろうか。

頼経滞在中の一〇月三日には、後堀河の生母、四条の祖母にあたる北白河院が崩じているが、この事態も道家には計算のうちだったはずである。すでに皇統の変更に向けて準備しつつあり、翌延応元年二月二二日に後鳥羽が隠岐島で崩じたことも、彼にとっては好都合だったのではないだろうか。四月末から五月にかけて、道家と泰時という東西の両巨頭が共に重い病に罹り[34]、人々は後鳥羽の怨霊を噂したが、承久の乱の首謀者がこの世からいなくなったことは、残された者たちの罪（の意識）を総体的に軽くする。

この道家の病が機縁となって成立したといわれるのが『比良山古人霊託』である。作者は、道家の庶兄という伝承を持つ天台僧慶政（一一八九～一二六八）で、五月一九日に道家の病気平癒の祈禱に参じ、法性寺殿に泊まり込んだ九日間に三度、比良山の大天狗から霊託を受け問答したことを記録したもので、その序文によれば、一本は道家に、一本は「将軍家」（頼経）に進献されたものであるという。

大変興味深い書物であり、慶政の執筆動機はいろいろ考えられる。一つは重病の道家の精神的な病因を軽くするためのものであったと考えられようが、慶政の意図はさらにもう一つ別なところにあったかもしれない。

慶政が大天狗に関東（鎌倉幕府）の状況はどうかと問うと、将軍（頼経）がいない方がよいと考えるものが「一両人」いるが、それ程問題ではないと答え、それに関連して、慶政が発した北条義時と政子は死後どこに生まれ変わったのかという問いには知らないと答えた。この知らないというのは、天狗の世界に来ていないから知らないというものらしく、道家に身近な後高倉皇統の故人たち、「後高倉院、後堀川院、北白川女院」も知らないとのことであった。

しかし、九条流摂関家の人々に及ぶと、道家の父良経を除き、祖父兼実や慈円は天狗道に入ってしまっているとのことだった。これは、出家しながらも政治に執着していた先祖たちを例に、やはり出家した道家に対して政治への執着から離れるようにとの警告ではないかと思われる。大天狗は、教実の生まれ変わり先も知らないと言ったが、「罪アル人」だったので地獄に堕ちたかもしれないと答え、仏事を形ばかりに修していた娘の藻壁門院は、やはり天狗道に堕ちて十楽院僧正仁慶のお供にされ、蓮台野の辺りで苛まれているという。道家の家族のほとんどが天狗道に堕ちてしまっていると告げるのは、罪のない後高倉の皇統を見限ろうとしている道家の内心を見通しての警告なのかもしれない。

道家にとってもっとも気がかりな後鳥羽については、怨霊と化した院が六月中に熊野権現に「祈請」して京都に乱入し、「諸宮諸院」を悩ませるという説があるがどうかと慶政が尋ねると、さもありうることで少々はあるかもしれないがそれ程問題ではないとの答えだった。

慶政は、道家の護持僧的な立場で彼の心を軽くしようとする一方で、後鳥羽に何もかも背負わせようという道家の思惑に水を差したものと理解することは可能ではないだろうか。

だが慶政の警告は、その後の道家の行動を見ると届かなかったようである。再び慶政が大天狗と出逢った時、その眷属として道家や頼経がいることを発見したであろう。

四条天皇崩御

仁治三（一二四二）年正月九日、四条天皇はわずか一二歳で不慮の死を遂げてしまう。『増鏡』によれば、「あまりいはけたる御遊び」（あまりにあどけない遊び）によるもので偶発的なものであったが、結果的にまた幼帝が生み出されてしまった。

すぐさま関東に使いが派遣され、「土御門・佐渡両院の皇子」のどちらを帝位に推戴すべきか諮られた（『民経記』仁治三・一・一二）。『五代帝王物語』によれば、北条泰時は酒宴の最中に四条崩御の報せを聞き、悩んで「何ともあれ、土御門院の御末をこそ」と決めたが、念のため「神明の御計」を確かめるために、若宮社にてくじを引いたところ、やはり土御門院の宮にとの神意があった。泰時は、安達義景を使者として派遣し、「京都の御計」で順徳の皇子がすでについていたら「降ろし奉れ」との指示まで与えたという。

一方、京では、人々の期待は順徳の宮（忠成王）に集まっており、すでに即位の準備も始まっていたという[35]。

これはあながちフィクションではないようである。『平戸記』によれば、急きょ土御門の皇子邦仁の元服がその祖母の承明門院邸で行われたが、「御装束本所用意無きか」、つまり女院側ではその装束などの用意が間に合わず、「相国禅門」（西園寺公経）が提供したものの、寸法が短くて見苦しい有様であったという（仁治三・正・二〇）。なぜ寸法が合わなかったかというと、記主の平経高が「是れ兼ねて用意せらるるか、子細有りとうんぬん」と記しているように、どうも順徳の皇子用に準備していたものであったかららしい[36]。

平経高は、邦仁の後見であった源定通の妻が「泰時・重時朝臣等の姉妹なり」、特に重時と同腹の姉妹であったことの所縁により定通の関東への運動が功を奏し、邦仁に決定したと記している（『平戸記』仁治三・一・一九）。しかし、これは、たとえ土御門の皇子の後見である定通が北条氏と姻戚関係があってもなくても、また『五代帝王物語』などに見える順徳が承久の乱に際し、父院に積極的に協力したからという説だけでもないように思われる。順徳の皇子の即位が実現すれば、次に必ず順徳の帰京を持ちかけてくるはずであり、道家の意のままに王家の再構築が進んでいけば、ひいては将軍の権力をも強化し、幕府内部の政治的バランスに影響が生じることへの懸念があったからこそ、順徳の皇子は避けなければならなかったのであろう。

泰時は、土御門皇子邦仁を皇嗣とし、正月二〇日に践祚させたが（後嵯峨天皇）、四月二七日に病気になり、一時よくなったらしいものの、五月六日に重篤となって出家し、そのまま六月一五日に亡くなってしまった[37]。

この段階で泰時が行使したのは、皇位決定権であり、皇統決定権の行使までは及んでいなかったと見るべきであろう。名執権泰時亡き後、幕府の方も政治的に不安定になり、この段階では、道家にはまだ挽回のチャンスは残されていた。しかし、この年の九月、順徳が崩御するに至って、道家にはもう切るべきカードが残ってはいなかった。

すでに二三歳に達していた後嵯峨天皇には、その女御として西園寺実氏の娘姞子が入内し、八月には中宮に冊立され、翌寛元元（一二四三）年六月には、皇子（久仁）が誕生している。寛元二年八月、元老ともいうべき西園寺公経が七四歳で薨じると、それまでは九条流摂関家と歩みを共にしていた西園寺家は世代交代し、新たな権力基盤の構築を目指して、後嵯峨を核とした王家の再編の主導権を握ろうとして動き始めているのである。

第五節　幼帝と女院

王家の形成期において、治天の未婚の皇女が天皇の「准母」として立后する「准母立后」制が展開したことが明らかにされている(38)。

実母がすでに亡くなっていたり、女院となっている場合や、実母の身分が低く立后できない場合や、極端に儀式化が進んだ当該期の国政の中で、幼帝を抱いて高御座に着座したり、行幸に際し同輿するなど、幼なく不完全な天皇を、天皇として機能させるために必要な存在であったことは確かである。ただ、すでに指摘されているように、特に未婚内親王の「准母立后」は、女院を効率的に生産するための手段の一つと化していった点は重視されるべきであろう。そして多数存在するようになった女院の中でも、特定の女院が、王家内部において皇統を維持するために重要な機能を果たすようになっていた。鳥羽が王家の長となった時代における美福門院、後白河のそれにおける建春門院、後鳥羽における七条院、順徳における修明門院、後高倉における北白河院などである。彼女らは、天皇や院の後宮の管理、皇統に属する皇子女らの養育などに大きな発言権を持ち、彼女らによって創建された御願寺では、皇統としてなすべき仏教行事が行われ、一方でそれらは、彼女らも含め、王家として大量の荘園群を保持するための貯金箱的な存在でもあった。

女院制度は、元々は摂関となった兼家や道長の娘で国母となった詮子や彰子を、三后を経た後に遇するために生み出されたものであり、第二の王家（こちらが先行して形成された？）ともいうべき摂関家においても、一二世紀以降、氏の后から女院へという伝統的な方式を守りながら、高陽院（泰子）・皇嘉門院（聖子）の後、一三世紀においては、九条流の摂関家から宜秋門院（任子）・東一条院（立子）・藻璧門院（竴子）・宣仁門院（彦子）が、近衛流から鷹司院・新陽明門院が冊立されている。九条流には、宜秋門院と後鳥羽との間に生まれた春華門院（昇子内親王）も加えてよいかもしれない。

ちなみに九条流の宣仁門院、近衛流の新陽明門院は、三后を経ておらず、准后から院号宣下がなされた女院である。宣仁門院の場合は、仁治二（一二四一）年一二月に四条天皇の女御として入ったが、翌年正月、天皇が崩御してしまったため三后になり得なかったことによる。しかし、新陽明門院（近衛基平の娘で亀山上皇の妃）の場合、彼女が後宮に入った一三世紀後半はすでに三后そのものが形骸化しており、皇太后・太皇太后はすでにおかれなくなっており、皇后も内親王が単発で冊立されるようになっている。そして、中宮は、後嵯峨天皇の代の姞子（西園寺実氏の娘、一二四二〜四八、大宮院）・公子（同前、一二五七〜五九、東二条院）・佶子（西園寺公経の子実雄の娘、一二六一、同年皇后に。京極院）・嬉子（西園寺公相の娘、一二六一〜六八、今出河院）・鐘子（西園寺実兼の娘、一二八八〜九八、永福門院）など西園寺家の女性たちによってほぼ独占されており、みなその地位から女院に冊立された。しかし一二世紀の女院たちが、国家的に与えられた地位と権限によって、王家内部においても、夫や子である院・摂関から半ば独立した存在であったのに対し、一三世紀後半の女院たちは、天皇の「家」への従属性を強めた存在に変化しつつあったように思われる。女院号は、天皇の「家」の正室的な立場にある女性を示す称号に過ぎなくなっていくようである[39]。

後嵯峨以降、准母もあまり置かれなくなる[40]。前掲の表2に見えるように践祚の年齢が上昇し、その必要がなくなるとともに、女院を冊立するためには准后にすればよいのであり、女院や御願寺などを通じての立荘もほぼ一段落し、集積された荘園群も王家内での配分は終了しつつあった。王家内部で、女院たちに分割して保持・伝領されていた荘園群は、大覚寺統・持明院統天皇家を核としていくつかの「家」に固定され家領化し、女院もその家領と実家から配分された所領を経済基盤として存在していくことになるのである[41]。

おわりに

二条天皇は後白河の皇子であったが、その皇統は後白河が選んだものではなく、二条自身も後白河の皇統ではなく、鳥羽の皇統を直接受け継ぐものとして意識しており、後白河も王家の長としての地位を確立するためには、その皇統決定権を行使できることを示さなければならなかった。二条の早すぎる崩御で後白河の政治的勝利に終わり、その皇統決定権の行使により、六条天皇はここでいう幼帝となってしまう。

王家の長の交替には、朝廷内のさまざまな政治的地位の変動を可能にするため、常に政治権力の摩擦を生じるものであり、天皇の「家」内部の問題で終わらないことがその基本的な性格であった。スムーズに交替できたのは、白河から鳥羽への交替のみであり、鳥羽から後白河、後白河から後鳥羽、後鳥羽は、自ら招いた承久の乱によって王家の長から追放され、結果生まれた後高倉の皇統が短命に終わった後、後嵯峨の地位が安定するまでにも、鎌倉までも巻き込んだ道家の失脚という不安定な政治状況を生じさせた。白河から鳥羽への交替も、まだ王家が形成段階であったこと、朝廷中枢の政治的状況が比較的安定していたために、その軋轢が表面化しなかっただけかもしれない。

そして王家の長が交替すると、必ず皇統決定権を行使するが、その行使に当たっても時の政治情勢に左右されやすく、その結果として幼帝が生み出されてしまうのであった。退位していない安徳天皇がいまだ存在しているのにも関わらず、後鳥羽天皇を即位させたのは、王家の長である後白河による皇統決定権の行使に過ぎなかったのであるが、その前提として、西海にあって軍事力を保持する平氏の勢力を圧倒しなければならなかった。再び都を制圧されれば、後白河の皇統決定権は無効となり、安徳ではなく後鳥羽が幼帝となる恐れがあったのである。

仲恭天皇の即位は、順徳が父後鳥羽の討幕活動に積極的に参画するためだけではなく、王家の将来のために順徳子孫が皇統であることを明確に提示しておくためにも必要であった。承久の乱によりそれはリセットされたはずであるが、この皇統こそ正統という意識は、源氏の将軍断絶以後の幕府に対する貴族社会の反感と相まって、都の世論の底部に深く根を下ろしたと考えられる。

九条流摂関家は、道家が仲恭天皇の外戚であったというだけでなく、祖父の兼実が建久七年の政変で摂関の地位から引きずり降ろされた後、後鳥羽によって復権できたことが、この皇統への親近感を育んでいたようである。後高倉の皇統による王家の再建を進めた道家であったが、それが失敗に終わると、正統たる順徳の皇統に回帰していくことになる。

関東の将軍が九条流摂関家から出ていることは、道家の権力基盤の一つであったが、幕府における将軍の地位が極めて微妙な政治的バランスの上に存在していることを見抜けず、その力によって自らの政治的退潮を挽回できると考えた点に、道家の失脚の一つの要因があろう。不慮の死を遂げた四条天皇であったが、王家に対する外戚道家の思惑の中、限りなく幼帝に近くなっていたといえよう。

幼帝は、この時代の天皇がどのようなものであったかをもっとも端的に示す存在であった。乳母を中心とする女房たちに囲繞され、自分の意志を持たず、そのため他の政治勢力と結びつくこともなく、王家の長が自身の権力を行使するために、いつでも交換可能な最良の歯車であった。これは朝廷に限ったことではない。鎌倉幕府もその将軍を幼帝化することで、得宗権力の専制化を実現していくのである。

第二部　中世の宮家

第三章　中世王家と宮たち

はじめに

すでに触れたように、『本朝皇胤紹運録』（以下、単に『紹運録』と表記）を開いていくと、鎌倉期に入って、天皇の諸皇子女の後に、「～宮」という呼ばれる皇族が何代かにわたって続く系譜が所載されるようになる。このような皇族の一流についても宮家と呼んでいる場合があるようであるが、ここでは、単なる皇族の系譜ではなく、宮家を中世的な「家」としての実態を持ちえているかどうかについて検討し、その形成過程を追っていくことにする。[(1)]

ここでいう中世的な「家」とは、貴族社会においては、朝廷の政務や儀礼においてその役割を果たすことを可能にする知識・情報を独占的に維持・継承する存在であり、それを実現するために必要なシステムを持った存在である。

平安後期に形成が進んだ王朝国家体制における貴族・官人の「家」の代表的存在の一つである摂関家の場合、摂関の地位を代々継承するだけではなく、その権威を誇示するための複数の広大かつ豪奢な邸宅、荘厳な寺院群と多くの家人・僧侶たち、経済基盤として荘園群を保持し、朝儀を領導できる器量と知識を身に付けている必要があった。それを実現するためには、代々摂関に就いた父祖の「家記」と口伝に加え、前述のように「天皇御作法」を供給できる日記・記録の類いをも保持していなければならなかった(2)。

下級官人の場合、太政官の局務や官務の地位を代々世襲した中原・清原氏や小槻氏のように、本来朝廷で作成・蓄積・保管されていた国家運営に必要な記録・文書類を「家記」化し、その職務を完結的に行える機能を保持する「家」を形成する一族があらわれた(3)。

そのような特定の官職・地位と結びついた所謂官司請負制を実現した「家」以外に、摂関家の庶流や村上源氏・閑院流の諸家のように、血統の高貴さを原資として、天皇・院との外戚関係や摂関家との近親性を利用しつつ公卿の「家」を形成した人々がいる一方、先祖には高い地位を持った者もいたが、次第に朝廷における地位が低下しつつあった一流が、摂関家の家司や治天の院の院司として奉仕する中で、その近臣の地位を得て公卿の「家」を形成する者たちもいた。共に朝廷のみならず、院や女院、摂関家といった権門の宮廷をも活動の場とし、そこでの儀式や家務の運営などの知識・情報（和歌や雅楽などの芸能も含む）を「家記」として保持・継承に努めて「家」を形成していく。

それでは、これら貴族の「家」に対して、もし宮家という「家」が存在するならば、どのようなものであろうか。

第一に、天皇・上皇の皇子からスタートし、代を重ねても「宮」つまり皇族であると社会的に認知される存在であることであろうか。つまり、天皇の血を受け継ぐことが大前提であるが、それは代を重ねると薄まっていくという認識が社会的に存在する。「宮」の「家」として認められるのは、天皇の跡継ぎが不慮の事態によって欠ける恐れが出た場合に、それを補える資格を持っている場合であるが、血の濃さの問題と「家」という永続性を目的とする存在の間は常に矛盾が生じ、そのような「家」は成り立ちがたいと考えるべきであろう。「宮」の子孫は常に生まれてくるが、二、三代で「宮」として求められる特性は失われてしまうため、ここでいう「家」たり得ない訳である。そして、それは前述の貴族・官人の「家」と異なり、特定の官職を世襲化するために「家記」を形成したり、権門への奉仕に励んだりというような自己の努力では補いえないものである。

しかし、これはあくまで皇位を基準にした理解であり、ここで述べてきた王家という枠組みの中において考えるとき、その血の問題も単純に天皇からの血の濃さだけでは測る必要はなくなる。王家を構成する要素には、天皇・上皇を中心に、三后（皇后・中宮、皇太后、太皇太后）、女院、斎宮・斎院、法親王などの門跡があり、それらには三后のように皇族以外の者が主としてその地位につくというものも含まれている。ここでいう「宮」たちもこの王家の中に生まれ、しばらくはその中に生息するが、次第に片隅に追いやられ、いつのまにか姿を消す存在といってよいかもしれない。中には、早い段階で、自ら皇族であることをやめ、賜姓されて貴族（源氏）[4]としてスタートするものもいた。

しかし、その「宮」たちが王家を維持するために必要な存在、王家を構成する要素を補う存在という認識が生じると、「宮」が自然消滅することに歯止めがかかり、ある程度社会的に存続させるために再生産されるようになる。

後述するように、例えば法親王が入室するようになり、宗門の中での権威を高めた門跡寺院の場合、法親王は公的には子孫を作れない以上、皇統から跡継ぎを供給してもらわなければならないが、皇嗣以外に然るべき皇子（中世後期には尼門跡に皇女が必要）が常にいるとは限らない。中世に入って門跡寺院の数が増えると必要な皇子の数も増加し、天皇・上皇の皇子だけでは不足する事態も生じるようになる。王家としては、その宗教行事を担当し、寺院のみならず多くの所領が付随し、坊官以下の人員を多数抱える門跡という地位を他に渡すことは避けたかった。また、門跡寺院を経営する僧たちもその権威を維持するためにも、王家のメンバーを門跡に望んだようである。そのような門跡の供給源として「宮」の「家」[5]が必要とされる可能性が生じてくるのである。

それでは、代を重ねる度に「宮」の特性がうすれる彼らを「宮」として継続させるためにはどうしたらよいか。中世社会においては、例えば皇女と結婚して血を濃くするというような方法はほとんど使われた形跡はなく、もっぱら古代以来、天皇（上皇）の皇子に与えられる親王号[6]を得ることによって「宮」であろうとした。ただしそのままでは得られないので、天皇（上皇）の猶子（養子）になって、親王宣下を受けるという方法をとったようである。この方法ならば、常に皇統にイニシアティブがあり、すべての「宮」に許可する必要はなく、不都合があれば与えなければよい訳で、常にコントロール下におけることになる。しかし、そのような段階に至るまでには紆余曲折があったようであり、その具体的な状況については、本章以下でたどっていくことにする。

第一節　中世における宮たち

『紹運録』を開いていくと、平安時代中期以降は、天皇の皇子女までは、親王・内親王・法親王（白河天皇以降）が並んでいるが、それ以降の世代の男系については、多くは賜姓され、源氏となって、系譜の続きは、そのような人々がまとめて記されている『尊卑分脈』の方を参照することになる。一部、親王の子で親王号を与えられ、さらにその子が王号を称している者も載せられており、その子も王号を称して代を重ねていったようであるが、(7)中世の宮家とは範疇を異にする存在である。

花山院の皇子清仁親王の子孫も、顕広王以降、神祇伯の世襲化を進める中で、公卿としての「家」を確立し、「王氏（諸王）と源氏との中間的な存在(8)」として中世の貴族社会で生きのこったが、官司請負制下での家職の特殊性から生み出された王氏の「家」であり、(9)やはりここでいう宮家の範疇に入らない。

さらに鎌倉時代、後嵯峨の皇子宗尊親王が幕府に迎えられ、征夷大将軍に任じられると、その子惟康に継承され、その後には、後深草の皇子久明親王が入り、久明は前将軍惟康の娘と結婚し、久明が更迭されて京に戻った後、その間に生まれた守邦に将軍職は譲られたが、鎌倉幕府の崩壊とともに、その地位を失い、幕府滅亡の三か月後に死去したという事例がある。

歴代将軍の中で、惟康・守邦共に孫王でありながら親王号を与えられているが、あくまで天皇との血統的距離を表示するものであり、親王号を持った皇族の尊貴性が幕府の将軍職の権威に必要であったためであったと考えられる。彼らにまったく皇位継承の可能性がなかったとは言い切れないが、王家、さらにその中で天皇の「家」が形成されていくと、「家」内での皇嗣の選別が行われるようになり、親王号があっても皇位への距離は、前代に比べてはるかに距離が設けられていると考えられる。後述するように、親王号そのものの機能が変質しているともみなすことが可能であろう。ただし、久保木圭一氏が明らかにされているように[10]、久明が惟康の娘を娶って守邦を生んだことにより[11]、惟康の母宰子（近衛兼経の娘）、その母仁子（藤原道家女）、そして仁子の父道家、母綸子がともに源頼朝の姉妹（一条能保の妻、義朝の娘）の孫にあたることで、その血が頼朝から守邦までつながっている点は興味深い。皇族の尊貴性とは別のある種の血統の論理がはたらいているといえよう。ただし、この宮たちは、幕府の将軍のポストを埋めるために継承されたのであり、官司請負制の範疇で考えるべき存在で、ここでいう宮家としては扱わない。

第二節　以仁王の宮たち

系図に載せられていないから、その子孫は存在しないという訳ではないのは言うまでもない。しかし、『紹運録』は、それが作成された南北朝・室町期のある段階における天皇とその皇胤に対する一つの認識が示されていることは確かである。そして、『紹運録』を見る限り、一二世紀の後半、後白河天皇の皇子あたりから記載状況に変化が生じるように感じられる。

最初に現われるのは、すでに第一章第六節で説明した後白河皇子以仁王の系譜である。ここでは説明は繰り返さないが、そこで紹介した第一章の史料①に示されるように、『紹運録』の系譜では僧となった皇子の名前しかあげられていないにもかかわらず、実際は、「還俗宮」と呼ばれ、僧から俗人に戻って一生を送った皇子がおり、上級貴族の女性（中御門流藤原氏の宗家の娘）を妻に迎え、また土御門の皇女を養女として所領を譲っていることが知られる。さらにこの皇子は、「建久・正治之比」源氏となることを望みながら許されなかったという。時期的に後白河院の方針というよりは、頼朝の意向であったと考えられ、皇族が政治的にストックされていた可能性が強いことを指摘しておいた。

続いて高倉天皇の皇子惟明親王の子孫の系譜があげられるが、これも第一章第八節で詳しく述べたように、その皇子として見える交野宮の場合も、俗体の皇族として元服も出家もできないまま、ほったらかしにされており、その状況の打開のため、自ら黙って鎌倉に下向して「懇望」しているところからすると、やはり頼朝の政策の犠牲者の一人といっても過言ではない。王家の安定のために、皇胤のストックを図り、管理しようと頼朝もかなり意を払っていたことの現れであると考える。

この交野宮には、醍醐宮以下、地名を冠した皇子たちが子孫として見えるが、赤坂恒明氏が明らかにされているように(12)、遠く美濃国の地名までわたっており、庇護してくれる人々の元を転々としていたらしい。京都周辺の地名・邸宅名などを冠することなく、所領なども相伝されていないようであり、この一族を宮家とは見なすことはできない。都から遠く離れた地に流浪していたこの宮たちは、すでに王家の管理下からも離れていたと思われる。

第三節　順徳院の宮たち

『紹運録』においてまとまって子孫が載せられている順徳院の子孫については、皇籍と源氏の間を行ったり来たりしながら、室町期まで子孫が継続する系譜などがあり、後の世襲宮家の嚆矢の一つとして考えられてきた。

特に四辻宮家の成立については、順徳院の祖母にあたる七条院の女院領を継承し、宮家の経済基盤となったことが重要な要因として説明されてきた。確かにそれは重要な点であるが、前述のように、女院領という荘園制の頂点に位置する本家職を主体とした所職を維持するためには、国家体制内部でそれを可能にするポジションを「家」として維持しなければならず、すでに白根陽子氏の研究[13]に明らかにされているように、四辻宮家は、その領有をめぐって領家と対立し、独力での維持に困難となる状況下、相伝した七条院領を大覚寺統の治天に譲進し、それを確保することに努めていたようである。

また前述したように、八条院は、その所領を以仁王の皇女に譲るために、孫王である皇女を内親王にするように要請したが断られている。結果的には、その皇女が女院より早く亡くなり、女院領は後鳥羽の皇女春華門院（昇子内親王）に譲与されたが、女院領の継承には相応の身分が必要であり、かつその女院領をさまざまな形で預けられている貴族や官人・侍、女房・僧などを統制できる国家的な身分が認められていなければ、その保持は難しいであろう。その点、少なくとも順徳の宮たちは、当時の社会に

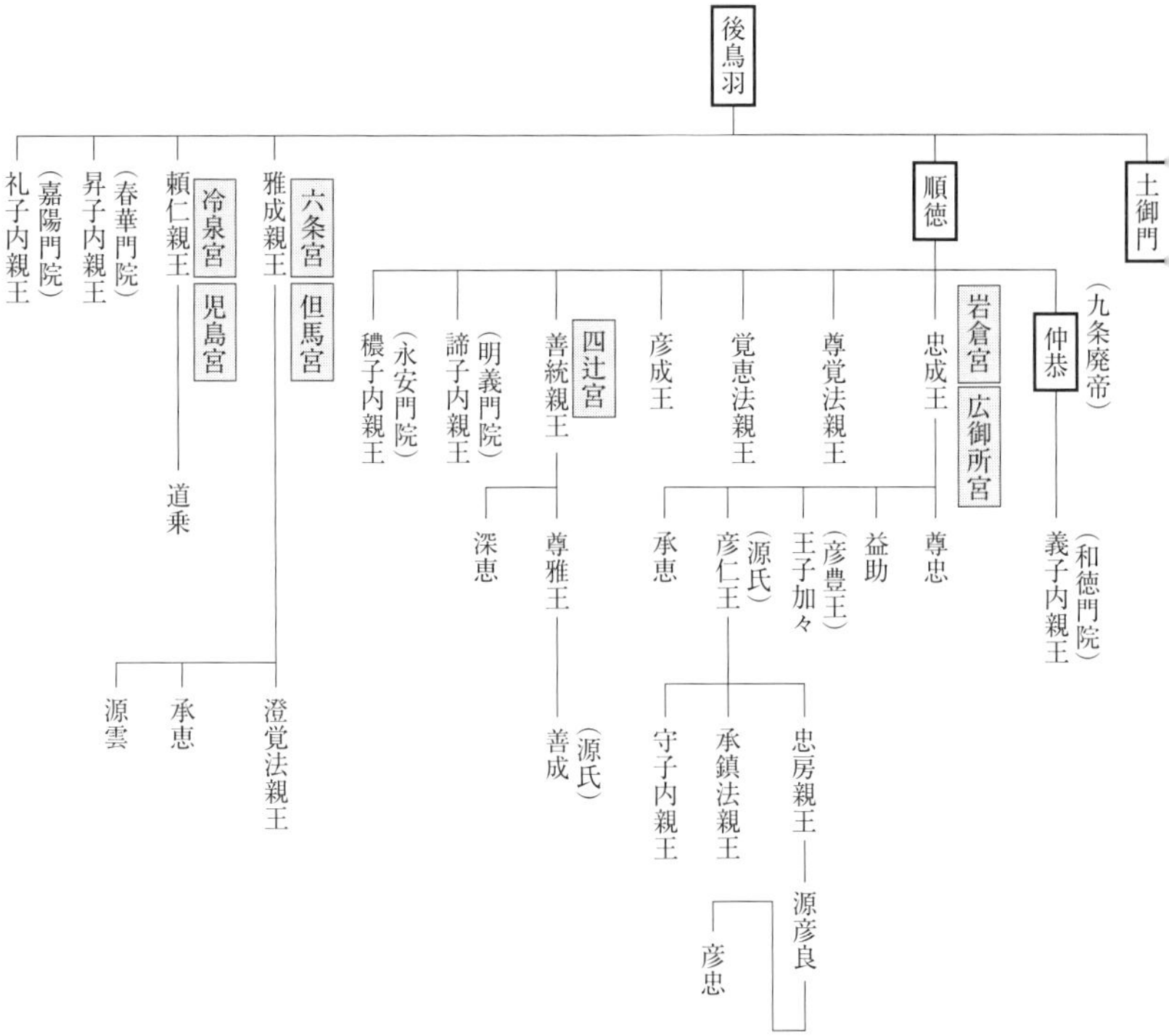

系図2　後鳥羽・順徳の子孫

おいて、七条院（安貞二〔一二二八〕年崩）から女院領を継承できる存在としてみなされていたことになる。もしそれを可能にしたものが天皇との血統的な距離であるとすれば、当然代を重ねる度に弱くなる性質のものであり、それを何らかの形でカバーしなければ、いずれその維持に行き詰まることになろう。ここでは、この点について少し考えてみたい。

　系図2は、『紹運録』所載の系譜にいくつかの他の天皇家系図等の情報を付加して作成した後鳥羽及び順徳両院の子孫の系譜である[14]。

系図からも知られるように、順徳の皇子のうち、その子孫の継続が確認できるものは二つある。一つは、岩倉宮[15]と呼ばれた忠成王の子孫で、その子彦仁王の後、忠房親王、源彦良、そして彦忠までたどることができる。彦良の子彦忠の事績は不明であるが、彦良は、源氏として官仕し、永和三（一三七七）年、従二位前参議で出家して致仕しているので（『公卿補任』）、その系譜は南北朝期の終わり頃まで続いていることになる。

もう一つは、前述の順徳の皇子四辻宮善統親王の子孫であり、その子の尊雅王についてはほとんど事績を確認できないが、その子の善成は、康永二（一三四三）年三月、王氏として叙爵して左少将に任じ、文和五（一三五六）年正月、従三位に叙せられるとともに、源氏を賜姓され（『公卿補任』）、以後昇進を重ね、貞治六（一三六七）年六月には、権中納言に昇った。善成はさらに応永元（一三九四）年六月、内大臣となり一二月に一旦辞した後、翌年七月には、左大臣に昇った。八月にはその職も辞して出家したが、その際に親王号を望んだものの、管領斯波義将に説得され断念したことが知られている（『荒暦』応永二・八・二八）。善成については後述する。

第四節　王家の解体と中世的「家」

さて、この二つの「家」のメンバーの事績を追っていくと興味深い事実に気づかされる。その主な事績を天皇の代替わりなどとともに編年順に並べたのが表5である。

第一章で述べたように、仁治三（一二四二）年正月、不慮の死を遂げた四条天皇の後、その皇嗣については、朝廷側で権力を掌握していた藤原道家は、順徳院の皇子忠成王を推していたらしいが、幕府が指名したのは土御門の皇子邦仁であった（後嵯峨天皇）。

表5に見えるように、この年の九月に順徳院が崩御し、この後の二〇年ほどの間に、道家、後鳥羽の皇子の雅成親王・頼仁親王、修明門院と後鳥羽の皇統の関係者が世を去っている。関東の方でも、四条天皇崩御の年の六月に北条泰時が死去し、承久の乱後の重鎮、北条時房（時政子）、泰時の舅であった三浦義村もともに延応元（一二三九）年にすでに亡くなっている。さらに泰時の後を受けて一九歳で執権となった孫の経時も寛元四（一二四六）年、弟の時頼に執権を譲り亡くなっている。

第一章でも触れたように、順徳の子孫に対して、厳しい姿勢で臨んだ鎌倉幕府の幕閣もメンバーが入れ替わり、鎌倉将軍と連動して、六条宮（忠成王）を擁立しようとした企てを疑われ、失脚した道家もすでにこの世にいない。幕府が擁立した土御門皇子である後嵯峨天皇が後深草天皇に譲位し、その院政が始まると、その皇統による王家は安定期を迎える。しかし、王家の長となった後嵯峨は、後深草に皇位を弟の亀山に譲らせ、文永五（一二六八）年八月、亀山の皇子世仁を立太子させる、つまり皇統決定権を行使したのである。

一二世紀の王家ならば、皇統から外された上皇とその子孫は、崇徳のように他の権門と結びついて武力行使に及ばない限り、自然に枯れていくのが常であったが、すでに時代は大きく変わりつつあった。

表5　順徳の子孫関係年表

年	月・日	事項	典拠
仁治三（一二四二）年	一・二〇	**後嵯峨天皇践祚。**	
	九・一二	**順徳院、佐渡において崩御。**	
寛元四（一二四六）年	六・二六	藤原道家、願文に「六条宮」擁立の企てを疑われることを陳ず。	『九条家文書』
寛元五（一二四七）年	二・二五	忠成王元服。	『葉黄記』
建長三（一二五一）年	一〇・八	修明門院、四辻宮善統親王に七条院領を譲与（修明門院譲状）。	『東寺百合文書』
建長四（一二五二）年	二・二一	**藤原道家薨じる。**	『百錬抄』
建長七（一二五五）年	二・一〇	雅成親王、但馬国において薨じる。	『百錬抄』
正元元（一二五九）年	一一・二六	**後深草天皇譲位、亀山天皇践祚。**	
文永元（一二六四）年	五・二三	頼仁親王、備前国において薨じる。	『外記日記』
	八・二九	**修明門院崩御。**	『外記日記』
文永一一（一二七四）年	一・二六	**亀山天皇譲位、後宇多天皇践祚。**	
	三・二	澄覚（梶井門跡、前大僧正、雅成親王皇子）、法親王宣下。	『天台座主記』
弘安二（一二七九）年	一二・一一	忠成王薨じる（五九歳）	『本朝皇胤紹運録』
弘安一〇（一二八七）年	一〇・二一	**後宇多天皇譲位、伏見天皇践祚。**	
正応四（一二九一）年	五・三〇	善統親王出家する（五九歳）。	『歴代皇記』
永仁二（一二九四）年	三・二三	彦仁王（忠成王子）、和徳門院において元服。	『歴代皇記』
永仁四（一二九六）年	一二・三〇	彦仁王、従四位下に叙せられ、侍従に任じられる。この時源氏賜姓か。	『公卿補任』
永仁五（一二九七）年	六・二五	源彦仁、従三位に叙される（一一・一四正三位）。	『公卿補任』

永仁六（一二九八）年	三・二三	左中将源彦仁薨じる。	『公卿補任』
	七・二二	**伏見天皇譲位、後伏見天皇践祚。**	
正安三（一三〇一）年	一・二一	**後伏見天皇譲位、後二条天皇践祚。**	
	一二・一五	源忠房、正五位下に叙され、元服。禁色昇殿を許される（一二・一八左少将）。	『公卿補任』
乾元元（一三〇二）年	七・二一	源忠房、従三位に叙される。	『公卿補任』
嘉元二（一三〇四）年	七・一六	**後深草院崩御。**	
嘉元三（一三〇五）年	九・一五	**亀山院崩御。**	
徳治元（一三〇六）年	一二・二二	源忠房、権中納言に昇る（二二歳）。	『公卿補任』
徳治三（一三〇八）年	八・二五	**後二条天皇崩御。八・二六　花園天皇践祚。**	
延慶二（一三〇九）年	二・一九	源忠房、権中納言を辞す。	『公卿補任』
正和五（一三一六）年	一一・二三	源忠房、従二位に叙される。	『公卿補任』
文保元（一三一七）年	三・二九	善統親王薨じる（八五歳）。	『本朝皇胤紹運録』
文保二（一三一八）年	二・二六	**後醍醐天皇践祚。**	
文保三（一三一九）年	二・一八	源忠房、皇籍に戻され、親王宣下。弾正尹に任ぜられる。	『公卿補任』
元亨四（一三二四）年	七・二九	忠房親王出家する。	『公卿補任』
貞和三（一三四七）年	七・？	忠房親王薨じる。	『公卿補任』
永和三（一三七七）年	？・？	前参議従二位源彦良出家する。	『公卿補任』
応永元（一三九四）年	六・五	源善成、内大臣に任ぜらる。	『公卿補任』
応永二（一三九五）年	七・二〇	源善成、左大臣に任ぜらる。	『公卿補任』
	八・二九	源善成出家する。	『公卿補任』
応永九（一四〇二）年	九・三	源善成薨じる（七七歳）。	『尊卑分脈』

中世社会が形成される中で、王家の在り方にもさまざまな変化が生じつつあった。そして、何よりも承久の乱以後の政治的な事件を経る中で、皇位決定権が幕府によって半ば握られてしまっており、王家の長の決定であっても、場合によってくつがえされる可能性も生じていたのである。

実際に、皇統から外された後深草ではあったが、建長三（一二五一）年、准母である宣陽門院から長講堂領を伝領し、王家の長たり得る経済的な基盤を確保していた。後深草としてはそれを子孫に継承させるためには皇位を取り戻さなければならなかったのである。そしてすでに道家に替わって権力を掌握しつつあった西園寺家の支持を得て幕府を動かし[16]、建治元（一二七五）年一一月、後深草は皇子熙仁を後宇多天皇の皇太子とすることに成功し[17]、文永九（一二七二）年二月に崩御した後嵯峨の決定を変更させたのであった。

この段階で、王家の長が所持していた皇統決定権は形骸化してしまう。王家の長が、皇統決定権を行使しても、他者によって変更されてしまうことが明らかになったのであり、それよりも幕府が掌握していた皇位決定権の行方の方が重要となった。

以後、第一章で触れたように、後深草の子孫と亀山の子孫では、その権限への対応が異なっていく。皇統が王家の長によって一本にしぼれなくなり、極端に言えば、政治的な要因で、どの皇孫が皇位に即くかが流動的になりつつあった。後深草の子孫は、その内部で皇位への候補者をしぼり、きちんと教育して、その機会がめぐってきた時に、確実に立たせることに備えるようになり、天皇の「家」を形成する方向に向かうことになる（持明院統天皇家）。

この「家」ではいつ皇位が回ってくるかわからない状況下において、嫡子をきちんと決めておき、いつでも候補に立てるように用意していた。嫡子が出せない場合でも、花園や光明のように代わりとなり得る皇子をピンチヒッターとして登極させ、必ず皇位を嫡子である光厳や崇光に戻すように、家長が「家」の管理を徹底していたようである。後深草の子孫におけるこの一本の系譜で継承する中世的な「家」の形成に当たっては、以前指摘したように、当時の貴族社会の「家」の形成のための一つの要素である「日記の家」化を着実に進めていたことがその証となろう。そこに形成された天皇の「家記」を相伝する者こそ、この「家」の家督であるが、スペアとなったメンバーも日記を残し（特に皇位に即いた場合）、嫡流の「家記」を補完することに努めている。

持明院統天皇家の成立は、この時期より形成される皇孫の「家」、いわゆる宮家であっても、天皇の「家記」を相伝していなければ、天皇の「家」ではないことになる(18)。逆に宮家側からみれば、皇孫でありながらも皇位とは分離し、別の機能を「家」として持たなければ存在理由を失うことになろう。

一方、亀山の子孫は、その方向性には進まなかった。むしろこれまでの王家の意識をそのまま引きずっていたというべきかもしれない。亀山自身が、晩年、皇統決定権を行使して、後宇多の子孫を皇統に決めていたにもかかわらず、晩年に生まれた恒明親王（母西園寺瑛子、実兼の娘、昭訓門院）を寵愛し、恒明を皇位に立てるように命じたこともその一例である。しかし、亀山が皇統決定権のつもりで行使した決定も、すでに大覚寺統内部でしか効力は及ばない訳であり、嘉元三（一三〇五）年九月、亀山が崩じると反故にされてしまった。亀山の子孫たちは、王家という枠が溶解しつつある中、中世的な「家」

という箍《たが》が掛けられず、放置状態にさらされることになる。この辺りの事情については、次章で改めて叙述しよう。

第五節　順徳院子孫の二つの「家」

再び話を順徳院の子孫の問題に戻そう。

順徳の子孫のなかでは、順徳の三番目の皇子の善統の子孫、いわゆる四辻宮とよばれる系統が、比較的史料に恵まれており、室町期に源氏学者として『河海抄』を著した四辻善成を出したこともあって、よく知られている。鎌倉期における王家領の相伝の問題についても、後鳥羽の生母七条院が継承していた大規模な女院領が、順徳の生母修明門院に継承され、[19]さらにそれを女院から譲られ相伝したのが、この四辻宮として考えられているが、史料を見てみると、その譲与は当初から明確に決まってはいなかったと考えられる。

建長三（一二五一）年一〇月に作成された修明門院の譲状とされている文書[20]は、内容的には置文とした方が適当であり、そこには善統に譲与するとは記されておらず、「いつれの宮々をも、かたミのおろかならぬ御事にて、をなじ御心にも候」と、女院が庇護していた順徳院子孫の皇子女たちを等しく扱っているような文言があり、すでに白根陽子氏によって指摘されているように[21]、いまだ女院領の譲与についての結論は示されていないようである。

忠成も善統も、共に父順徳が佐渡の配流された後に生まれ、祖母である修明門院の御所で養育されたとされていて、最終的にそこに落ち着いたことは確かと考えられるが、そこに至るまでにいささか経緯があったようである。以下、その点について史料を追っていこう。

忠成王とその子孫

忠成王について、『紹運録』にはその呼称として「広御所宮」があったことが知られるが、同時代史料では確認されない[22]。生存中の呼称としては、「六条宮」が一般的であったようである[23]。『紹運録』に見えるもう一つの呼称「岩倉宮」は、忠成王の子彦仁以降、その子孫の呼称として見られる。次の『実躬卿記』の記事で、記主の三条実躬が対面している「岩蔵宮」は、この彦仁王のことと考えられ、当時、七条院の遺領について四辻宮（善統親王）と相論となっていることが知られる。

①「抑今日**岩蔵宮**為レ対二面予一、昨夕御出京、御二坐近辺一、相構近時可二立寄一之由有二御命一、仍参二彼御所一、入二見参一、七条院御遺領事、四辻宮与相論御事、当時予奉行也、件事為レ被二仰下一也云々」

（『実躬卿記』永仁三・九・七）

ここでは、「広御所宮」という、六条や岩倉といった地名ではないこの呼称を手がかりに、もう少しこの忠成王について考えてみよう。

「広御所」は、小御所や萱御所といった当時の貴族住宅における施設の名称であったようで、太田静六氏によれば、後鳥羽院の御所の一つ二条殿に見える「弘御所」について、母屋の東西に庇がなく、直接広庇が付されている建造物を指し、当時としては珍しかったのでこのような名称でよばれたのではないかと説明されている[24]。

忠成王の周辺で、「広御所」という施設をもっている御所を調べてみると、七条院（藤原殖子、後鳥羽院・後高倉院の生母）の御所であった七条殿（七条坊城に所在）に「広御所」が設けられていたことが知られる[25]。史料①に見えるように、忠成王の子孫が相論となっていた女院領の元々の所有者であった。この七条院は、生涯を通じて三条烏丸殿の方を中心的な居所としていたらしく、七条殿はあまり日常的に使用される御所ではなかったようである。だからこそ、承久の乱の翌年に生まれた順徳の皇子忠成王（七条院には曽孫に当たる）をひっそりと養育するためには適当な場所であったのではないだろうか。さらに想像をたくましくして見るならば、忠成はこの「広御所」で誕生した可能性も考えられる。そしてかなり幼い頃に「六条」に移されて、六条宮の名で呼ばれるようになるのであるが、承久の乱以前にこの「六条」を冠して呼ばれていた「宮」は、後鳥羽の皇子雅成親王である。

この雅成親王は、順徳と同じく修明門院（藤原重子）を母として生まれたが、誕生時より、後白河皇女の宣陽門院（覲子内親王）の養子とされ、その御所の六条殿で養育されたので（『猪隈関白記』正治二・一〇・八）、六条宮と呼ばれたようである。承久の乱後、但馬国に配流された後は、おもに「但馬宮」と呼ばれるようになるが、六条宮と呼ばれることもあった[26]。そして、雅成は建長七（一二五五）年二月に配所で薨じており（『百錬抄』建長七・一二・一〇）、生涯京都にもどることはなかったようである。恐らくこの雅成親王が但馬国に移された後、忠成王が宣陽門院に引き取られ、六条殿に居住するようになったために、六条宮と呼ばれるようになったものと考えられる。

藤原道家は、この忠成王を四条天皇の跡に据えようと目論んでいたが、幕府は土御門の皇子邦仁を支持し、その企ては失敗に終わった。その後忠成王は、親王号も与えられないまま、弘安二（一二七九）年一二月に五九歳で薨じている（『紹運録』）。

忠成王の子彦仁は、永仁二（一二九四）年に仲恭天皇の皇女である和徳門院（義子内親王）のもとで元服したとされているが（『歴代皇記』永仁二・三・二二）、この女院は、弘長元（一二六一）年三月に院号宣下を受け、正応二（一二八九）年一二月に五六歳で崩御しており、時間的に合わないようである。[27] 女院の死後もその御所が供養のために一定期間維持されることもあり、そこで元服が行われたというのかもしれないが、むしろ、和徳門院がすでに亡くなっていても、順徳子孫における最後の女院であった和徳門院の御所で行うことに意味があったとも考えられる。

和徳門院も幾ばくかの所領を有していたようであり、[28] また、女院宣下される以前の正元元（一二五九）年一二月、仲恭天皇の生母である東一条院（藤原立子、良経の娘）の十三回忌の施主となっており（『民経記』正元元・一二・二二）、一定の経済基盤を保持して、父仲恭の供養も行っていたと考えられる。また、従兄弟にあたる彦仁の後見も行っていたのかもしれない。

それにしても、彦仁の元服は、父忠成王が弘安二（一二七九）年に五九歳で薨じてから一五年を経ており、すでに相当な年齢に達していたと考えられる。そして永仁四（一二九六）年に従四位下に叙され、侍従に任ぜられ、赤坂氏が指摘しているようにこの時に源氏に賜姓されたらしい[29]。さらに翌年六月に従三位、一一月には正三位に昇ったが、翌永仁六（一二九八）年三月二三日に薨じている（『公卿補任』）。

彦仁が薨じた年に、持明院統の伏見天皇は、その皇子で皇太子となっていた胤仁に譲位するも（後伏見天皇）、三年という短い在位の後、大覚寺統から後宇多の皇子邦治が皇位についた（後二条天皇）。この践祚の年（正安三年）の一二月一五日に正五位下に叙され、元服して禁色昇殿を聴許されたのが、彦仁の子忠房であった（一二月一八日には左少将となっている）。

これは摂関家の子弟と同じ待遇であり[30]、その背景には、母が摂関家の二条良実の娘であり、加えてその良実の子で、当時の関白であった兼基の猶子であったことが関係していよう。すでに親王の子でもない源氏の忠房を摂関家が猶子として出身させるというのはかなり珍しく、はるか昔、彼らの祖頼通が村上天皇の孫にあたる源師房を猶子として出身させた例を想起させるものであるが、皇統から排除された順徳子孫をこの段階でなぜ優遇するのかについては、何らかの事情を考えなければならない。

忠房は、翌乾元元（一三〇二）年正月、遊義門院（姈子内親王）の御給によって従四位下に叙され、その年のうちに従三位に昇っている（『公卿補任』）。遊義門院は後深草の皇女であるが、後宇多の妃となり、その寵愛を受けた女院であり、忠房は大覚寺統のもとで優遇されて昇進していくことになる。徳治元（一三〇六）年九月には、右中将に転ずるとともに、一二月にはそれを兼ねたまま権中納言に昇進する。すでに二二歳であったが（良実は一六歳、師忠は一〇歳、兼基は二〇歳）、摂関家の子弟のみが許される中納言中将として遇された訳である。この高待遇については、当時の貴族たちも疑問に思ったらしく、次のような記事が見えている。

②「（前略）為二上皇御猶子之儀一任二納言一、相二兼羽林一、今此忠《(抽)》賞何事哉、日来為二一条前関白之猶子一、元致二拝趨一、時宜之趣未レ得二其意一、且為二諸人之不審一歟、厳親三位侍従彦仁者先御代賜二源朝臣姓一、元服夜任二侍従一、叙二三品一、然而不レ及二出仕一、又無二任官加級一、彼卿為二孫王一賜姓、連二人臣一、其子今又如レ此、御沙汰之次第尤以不審、委可二尋知一事歟」

（『実躬卿記』徳治二・正・一）

この忠房の昇進は、「上皇御猶子」つまり後宇多の猶子としての「忠《(抽)》賞」であったが、それでも孫王として賜姓された忠房の父彦仁が、従三位に昇りながら出仕することなく、それ以上の昇進がなかったのに対し、忠房の破格の待遇は「尤も以って不審」と記主実躬はいぶかっている。

後二条天皇が徳治三（一三〇八）年八月若くして崩御した後、約一〇年の持明院統の花園天皇の治世の後、文保二（一三一八）年二月、後宇多皇子尊治が践祚し（後醍醐天皇）、再び後宇多の院政が開始される。後宇多院政の開始の翌年、忠房は、突如源姓から皇籍に戻され、親王宣下まで行われることになる。すでに亀山は嘉元三（一三〇五）年九月に崩じており、元応三（一三二一）年一二月といわれる後醍醐天皇の親政開始[31]以前であるから、明らかに後宇多の施策と考えるべきものであろう。後宇多が忠房を猶子としたのは形だけのものではなかったのである。この処遇に対して当時の貴族たちがどのように受け止めたかは不明であるが、「三世孫王立親王例[32]」として後代に伝えられている点からも極めて異例のことと受けとられたと思われる。

それでは、なぜ後宇多は、すでに順徳より四代を経て、かつ源氏賜姓されている忠房をわざわざ皇籍に戻して親王にまでなしたのであろうか。辞書的な理解で言えば、親王は皇位につく資格を持つ皇族と考えられる訳であるが、持明院統天皇家との間で皇位継承をめぐって対立を深めているこの状況下に、ライバルを増やすようなことをするとは理解しがたい。自身の猶子であったからというのも素朴すぎる解釈であろう。権謀術数にうずまく宮廷政治の中で、やはり何らかの目的をもっての施策と勘繰らざるをえない。この点を、もう一人の順徳の皇子善統親王とその子孫について考える中で検討してみよう。

善統の親王宣下

順徳の皇子善統は、没年より逆算して[33]、承久の乱後の貞永二（一二三三）年の誕生である。その母である督典侍は、村上源氏の通光の妻として通忠を生んでいるが、女房として順徳に近侍し、院の配流先まで付き従って、そこで彦成と善統を儲けたらしい[34]。彦成については、事績を物語る史料がまったく知られず、夭逝したものと推測される。

一方、善統は、母の督典侍が仁治元（一二四〇）年に修明門院の女房春日として出仕していることが知られるので（『平戸記』仁治元・正・一九）、順徳崩御以前に、恐らく母親とともに佐渡より帰京し、修明門院の御所で養育されていたと考えられる。

仁治三年、順徳が崩御したという情報が、都に伝わった際、六条宮（忠成王）のもとに出入りしていた平経高は、その情報を「修明門院御辺幷六条宮女房」に伝えているが（『平戸記』仁治三・一〇・六）、現存の日記を見る限り、そこで善統のことが話題になることはないようである。その後、寛元二（一二四四）年七月、六条宮は、修明門院の御所四辻殿に「参住」され（『平戸記』寛元二・七・二四）、経高は、六条宮に見参するために四辻殿に通うことになる（同前寛元二・九・二四など）。そして後深草天皇が践祚した寛元四年の翌年二月、すでに二六歳に達していた忠成王は、経高（民部卿）の計らいで元服を遂げている[35]。

この忠成王が元服した場所については不明であるが、まだ経高が通っていたであろう四辻殿の可能性が高い。続いて同年八月頃に善統が元服したと考えられる[36]。

推測であるが、修明門院が当初養子に迎え、その所領を譲与しようとしたのは、従来の理解とは異なり、後に四辻宮を名乗る善統ではなく、忠成王の方ではなかったであろうか。

六条宮（忠成王）が修明門院の庇護下にあり、四辻殿で生活していたことは『平戸記』の記事からもうかがえる。たしかに善統の母の督典侍（藤原範光女）は、修明門院の従姉妹にあたり、その親縁関係は近いが、末茂流藤原氏の清季を母とする忠成王も、系図3に示したように、修明門院の兄弟の範茂の娘やその子範能の娘が嫁して子をなしており、その関係にそれほど差があるわけではないように思える。

前述のように、建長三（一二五二）年一〇月八日付の修明門院譲状とされる史料[37]にも「…さていつれの宮々をも、かたミのおろかならぬ御事にて、をなし心にも候、又はく、ミまいらせられ候ひぬへきハ、

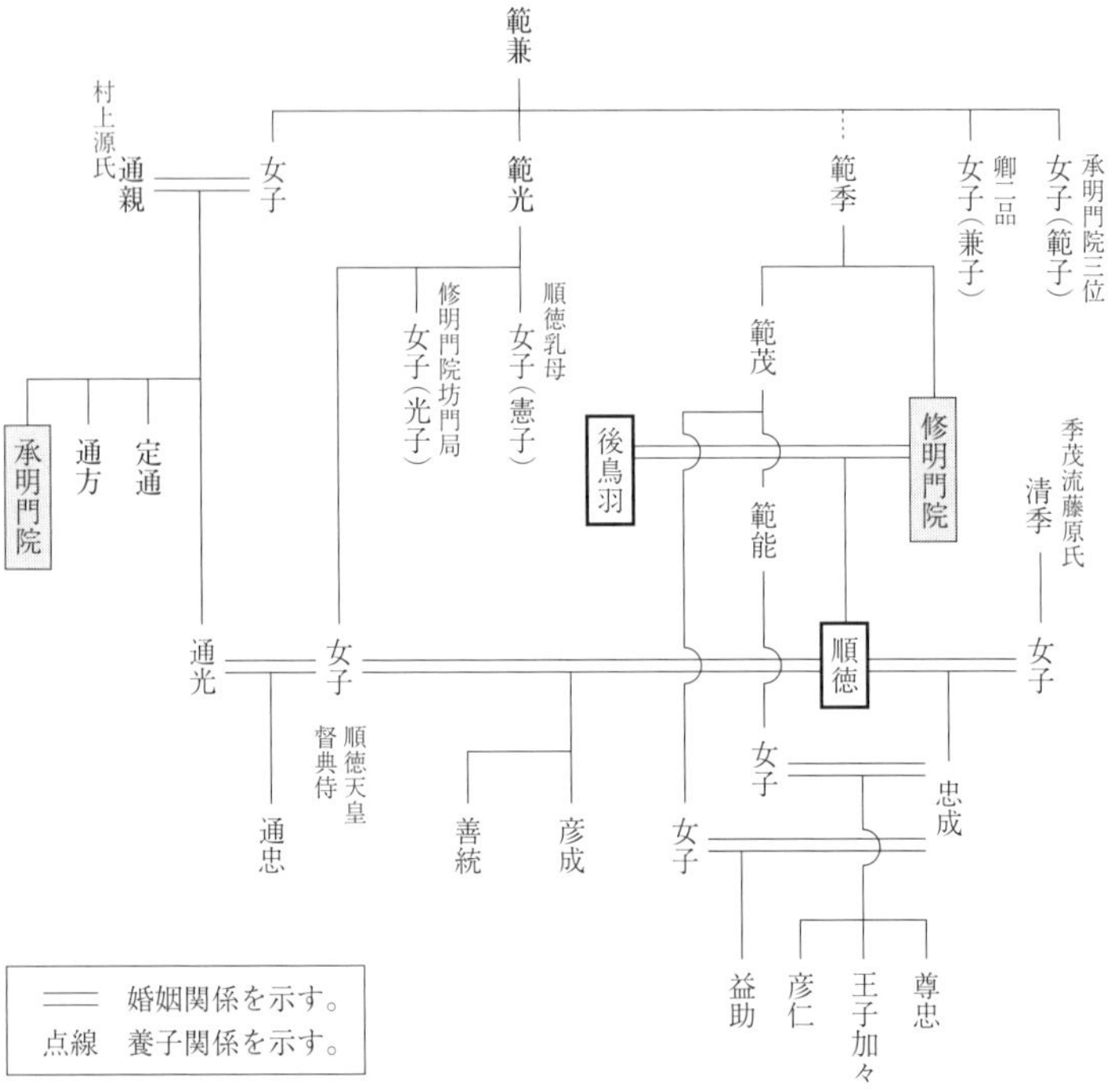

系図3　順徳院と貞嗣流藤原氏（高倉・岡崎）

さやうにも返々候へく候」と記されていて、修明門院が、複数の順徳子孫のみならず、後鳥羽院の皇子女をも含めて養育し、その庇護下に置いていた可能性があり、いまだその中の特定の誰かに所領の譲与先を明確にしているわけではないようである。

修明門院のような女院が自身の所領を譲与するに際して、第一章第六節で言及したように、その対象者には、それなりの身分（院・女院・親王・内親王など）やそれを後見する存在（院・摂関家など）が必要であった。兄忠成王が生涯親王になれないまま終わったのに対し、善統が親王宣下を受けられたのは、恐らく女院が彼をその所領の譲与対象者に決め、政権中枢部（後嵯峨親政もしくは院政）に働きかけての結果であろう。たとえ女院が当初忠成王にも譲与しようと考えていたにしても、恐らく四条天皇崩後の皇位継承をめぐる道家の策謀に巻き込まれた忠成に、親王宣下がなされる可能性がないと判断してのことと考えられる。兄を差し置いての親王宣下は、決して好ましいものではなかったはずであるが、女院も歳を取り、先のことを考えなければならなくなった段階にいたってのあえての処断であったのではないだろうか。そう考えると善統が親王宣下を受けたのは、彼が元服を果した宝治元（一二四七）年頃より後、女院が崩御する文永元（一二六四）年以前ということになり、後嵯峨院政のもと、後の大覚寺統との親近性からすれば、亀山天皇が即位した正元元（一二五九）年以降に下がるのかもしれない(38)。

もう少し時代的な背景を見て見るならば、この頃、親王宣下に対するハードルが下がりつつあたった形跡が看取される。

③「座主被レ蒙二親王宣旨一〈孫王親王宣下初例歟、内親王有例云々〉、今日円助法親王叙二二品一〈寺門二品、初例〉、依二此事一、同四日大衆蜂起云々」

（『華頂要略』所収『天台座主記』文永一一・三・二）

この史料③に見えるように、文永一一（一二七四）年三月、当時の天台座主である澄覚（梶井門跡、前大僧正）が法親王に任ぜられた。澄覚は後鳥羽の皇子雅成親王の子にあたり、割注部分に記されているように、内親王を除いて孫王に親王宣下が行われた初めての例であるとされている。[39] 時に後宇多天皇践祚の年であり（正月二六日）、すでに後嵯峨は文永九年に崩じており、亀山の聴許があったと考えてよいであろう。

この澄覚の父雅成親王（後鳥羽皇子、最初の六条宮）は、建長七（一二五五）年に但馬国で薨じている（『百錬抄』建長七・二・一〇）。また、その弟の頼仁親王も文永元（一二六四）年に配流先の備前国で薨じており（『外記日記』文永元・五・二三）、同じく順徳の皇子梶井宮尊覚法親王もこの年に五〇歳で薨じている。[40]

王家と順徳子孫

この頃、後鳥羽・順徳の子孫の皇子たちがほとんど姿を消し、王家内での影が薄くなりつつあったことは確かである。しかし、雅成親王の子澄覚への法親王宣下のように、一方でその方向に向かわせない動きが生じていたようにも思われる。このあたりのことについてもう少し検討してみよう。

この澄覚法親王が薨じるのが、正応二（一二八九）年四月二八日であり（『華頂要略』）、その年の一二月七日に仲恭の皇女和徳門院が崩御する。すでに修明門院は、文永元（一二六四）年八月に八三歳で崩じており、順徳皇子の忠成王も弘安二（一二七九）年一二月に薨じている。

後鳥羽・順徳子孫の皇子・女院も善統親王を除き、誰もいなくなったといっても過言ではなく、先ほどの状況は確かに進行しつつあった。そして、善統親王が文保元年三月に八五歳という高齢で薨じる。

これによって、例えば貴族の「家」において、公卿に任ぜられた者が誰もいなくなり、その一流が貴族社会から消滅することと同じような状況に陥っていたのである。しかし、この時も善統親王の死の直前の正月一八日に彦仁の子承鎮が後宇多の猶子として法親王宣下がなされ（『釈家官班記』）、二年後の文保三年に前述の忠房が、後宇多の猶子として親王宣下を受けることになるのである。これによって、後鳥羽正嫡の順徳の子孫における親王はひとまず温存されることになる。

善統が、親王宣下を受け、修明門院からその所領を伝領すると、順徳院の正嫡と見なされたはずである。しかし、この忠房の親王宣下によって、その地位は忠成王の子孫に変更されたことになろう。

善統親王はこれ以前の弘安三（一二八〇）年、後宇多天皇に対して修明門院領のうち二一か所を譲進した[41]。当時天皇はまだ一四歳なので、白根陽子氏が指摘しているように[42]、善統は「御子孫之微弱」を鑑みて、亀山院の領掌のもとにその譲進が行われたと考えられよう。そしてその九年後の正応二（一二八九）年、善統は自身が伝領した修明門院の残りの一七か所も当時譲位して院となっていた後宇多に譲進しようとした[43]。しかし、後宇多はそれを認めず、同四年五月に、善統親王は出家している。

善統親王が後宇多に残りの一七か所の所領までも譲進しようとした理由としては、当時生じていた「岩倉三郎宮」（忠成王の子彦仁）との相論を有利に進めるためという従来の理解に加えて、白根氏は、当時他の所領で起きていた領家の教令院との対立を、本家職をもつ善統親王が荘園制の職の体系内で処理できなくなっていたのでは、という理解を提示されている。それは当を得たものと考えられるが、後宇多がこの善統親王の申し出をなぜ退けたかについては、明確な指摘はなされていないようである。

嘉暦四年関東執奏事書案（注43参照）に「仍て御扶持あるべきの由勅約の条、度々の院宣等分明なり」と見えるように、子孫に伝領された所領に対して、大覚寺統の「御扶持」を期待していたことは確かであるが、その「御扶持」は訴訟面だけに限ったものではないかもしれない。善統親王の危惧は、修明門院から伝領された女院領を「微弱」な子孫が永続的に維持するのはいずれ困難になるというものであり、それを少しでも永続させるためには、自身と同じように親王号を何とか宣下してもらえないかという期待ではなかっただろうか。自分の時は、修明門院の政治力によって実現した訳であるが、すでに女院は物故しており、他に頼れる順徳子孫はすでに存在していなかった。ただ、前述したように後鳥羽皇子の雅成親王の子澄覚が孫王として初めて法親王を宣下されており、弘安一〇（一二八七）年には、鎌倉将軍の源惟康（宗尊親王の子）が孫王でありながら親王宣下を受けている(44)。

孫王の親王宣下を許す空気が廟堂に生まれつつあったのであり、善統親王が期待した大覚寺統、特に後宇多の「御扶持」の一つとして、子の尊雅王への親王宣下を願い出ていたのではないだろうか。そして一七か所の残りの修明門院領の譲進はその期待を込めてのものであることを後宇多側もよく理解していたのであろう。それなのに善統の申し出を断ったのは、後宇多が順徳の正嫡は忠成王の子孫と考えていたことによるのではないだろうか。

前述のように忠成の子彦仁が和徳門院のもとで元服したのは、永仁二（一二九四）年のことである。そして同四年、従四位下に叙せられ侍従に任ぜられて出身し、この時、源氏となり、同五年には従三位に昇るとともに、その年のうちに正三位に叙せられている。後深草院政下に行われたことであるが、両統によるある種の合意がすでにあったのではないだろうか。残念ながら彦仁は永仁六年三月に薨じてしまうが（『公卿補任』）、場合によっては、いずれ親王宣下が行われたかもしれない。彦仁は、前述のように摂関家の二条良実の娘を室としており、彦仁の子忠房は、良実の子兼基の猶子となっていた。さらに正応四（一二九一）年に院号宣下された前述の遊義門院（姈子内親王）の庇護を受け、後宇多の猶子ともなっている。順徳子孫の正統は忠成の系統に定まりつつあったのであり、四辻宮善統親王の子への親王宣下のようなことは敬遠されつつあったのであろう。後宇多としては、善統親王から残りの所領の譲進を受けるわけにはいかなかったのである。

文保元年三月、八五歳の高齢で善統親王が薨じた後、その子尊雅が跡を継いだが、その事績はほとんど知られず、親王号を宣下されることなく終わったようである。その子の善成王[45]は、康永二（一三四三）年三月に王氏として叙爵、左少将に任ぜられ、文和五（一三五六）年正月には、従三位に叙され、源氏に賜姓された（『公卿補任』）。延文四（一三五九）年八月、左中将に転じ、貞治二（一三六三）年には正二位に叙され、同六年六月には、権中納言に任じられている。この頃、将軍足利義詮の命を受けて、彼を源氏学者として有名にした『河海抄』を制作したらしい。義詮はこの貞治六年一二月に亡くなっているが、善成が長らく非参議にありながら、参議を経ず権中納言に昇ることができたのも、義詮の吹挙があった可能性があろう。

善成は源氏として任官した訳であるが、当時の貴族の日記には、「順徳院の御後胤、四辻宮と称す」と記され（『後愚昧記』貞治六・六・二九）、源氏であるが「宮」として認識されていた。この後、公卿として昇進し、応安三（一三七〇）年一一月に権大納言に昇り、翌年三月に辞したが、嘉慶元（一三八七）年に准大臣に遇され、六九歳の応永元（一三九四）年には内大臣に、さらに翌年七月には左大臣に昇ったが、どうも善成は、前々から忠成王子孫（岩倉宮）の忠房のように、公卿としてではなく親王に任ぜられて終わることを望んでいたらしい。

善成は、恐らく以前から廟堂の内外にその望みを伝えていたのであろう。そして、この大臣任官が最後のチャンスと考え、幕府の方にも働きかけたらしいが、管領斯波義将に「無益之由」と説得されて引きさがったという（『荒暦』応永二・八・二八）。善成はそのまま八月に官を辞し、出家を遂げた。その七年後の応永九（一四〇二）年九月三日に薨じている。

この段階での親王号の申請は、本書第五章で述べるように、足利義満によって主催された明徳度・応永度の法華八講において、前者では准大臣（儀同三司）、応永度では前内大臣にありながら[46]、義満が構想する新王家を構成する院宮・皇族のグループに入れなかったことが原因ではなかったかと考えられる[47]。

善成には、子はなかったようで、順徳院の子孫はこれで絶えることになった。

一方、忠房親王の子彦良も親王号を受け継ぐことなく、元弘三（一三三三）年に、恐らく源氏に賜姓されるとともに、従四位下に叙され、左少将に任じた。翌年七月、一四歳で従三位に昇っており、親王の子として摂関家並みの優遇であったが、以後、康永元（一三四二）年に正三位に叙されるも、長く非参議のまま留められ、貞和三（一三四七）年、父忠房親王が薨じ、その二年後、参議に任じているがすぐに辞しているので、形ばかりの任官であった。以後、永和三（一三七七）年に出家するまで、前参議のままであった（『公卿補任』）。『師守記』によれば、彦良は「岩蔵」を名乗っていたことが知られる（貞治二・閏正・二一）。

『尊卑分脈』によると、彦良には、彦忠という子があり、従四位下・左中将と父と同じような官位にあったことが知られるが、事績が確認できず、早世したのかもしれない。共に没年も確認できず、この一流は絶えてしまった。

後述するように、後鳥羽・順徳の子孫は、新たな王家の中で宮家として生き残れなかったのである。

第四章　大覚寺統の宮たち

第一節　大覚寺統による親王任官と朝儀復興

前節のように順徳子孫の、主に二つの系統の子孫を見ていくと、鎌倉時代後半、いわゆる両統迭立期に入ると、大覚寺統の治政下にその皇孫らへの待遇に一定の方向性を見出すことが可能のように思える。つまり、土御門の子孫として、後高倉の皇統が断絶後にその後継を競った大覚寺統ではあったものの、特に後宇多の治世下では、順徳の子孫たちを冷遇し消滅させる方向ではなく、むしろ庇護下におき、彼が支配する王家のもとで一程度の存続を維持しようとしているようである。

その理由はいくつか考えられよう。承久の乱後も、貴族社会においてその英明を称えられた後鳥羽の、その正嫡とされた順徳子孫の貴種性を自らの王家内に取り込もうとしたのかもしれない。こういった側面では、大覚寺統の天皇らは前代以来の王家の枠組みを継承しようという意識を強く持ち続けていたように思える。

また、正安三（一三〇一）年正月、二代の持明院統の天皇の後、やっと後二条天皇が即位するとともに、後宇多の院政が開始された。この間、正応三（一二九〇）年三月には、浅原為頼禁中乱入事件などが起き、関与を疑われた亀山ら大覚寺統の人々が逼塞を余儀なくされた時期もあり、待ちに待った治世の開始ということになる。その晩年の密教への傾倒がクローズアップされる後宇多であるが、朝儀に関して積極的な姿勢をもって臨んだことをもう少し評価すべきであろう。厳しい目にさらされていた大覚寺統の治世を復興させることが、亀山が期待する後宇多に課された最優先の課題であったと考えられる。そのために、後宇多は、王朝政治の理想の時代と考えられていた延喜・天暦の時代の回帰を企図し、その具体的な表象としての朝儀の復興を試みたようである。その一つが、節会などに長らく参仕することのなかった親王らを積極的に参加させることにあったようである。そしてその皇子たちの多くは、平安中期以来任ぜられることのなかった式部卿などの官職に再び任ぜられ、朝儀の場に立つことになった。

この点についてもう少し歴史的背景を考えてみるならば、親王が式部卿などに任ぜられ、朝儀や宴席や歌会などの場に参仕することは、平安時代の中期から後期にさしかかるあたりで見られなくなるようである。

表6は、当時親王が任ぜられた式部卿・中務卿・大宰帥・兵部卿・弾正尹の五つの官職について、その最終任官者と出家や死去、遷任などによってその官職を辞した年時を整理したものである。式部卿の地位にあった敦賢親王（小一条院の皇子）が、承暦元（一〇七七）年八月に薨じるとこのような親王たちはまったく姿を消してしまう(1)。以後、朝儀の場には、皇太子を除き、親王の地位にある皇子が姿を見せることがなくなる訳であり、その皇太子も、第二章において述べたように、幼くして立太子され、元服を遂げるか遂げないかのうちに即位してしまう訳であるから、皇子たちが朝儀の場に接することはまっ

たくと言ってよいほどなくなるのである。

表6　平安期の最終任官者

官職	親王名（父）	任官（遷任）	退任
式部卿	敦賢（小一条院）	康平四（一〇六一）・二・八（敦貞薨）以後	**承暦元（一〇七七）・八・一七薨**
中務卿	敦貞（小一条院）	長久二（一〇四一）・三・二八（春記）以前	康平四（一〇六一）・二・八薨
大宰帥	敦平（三条）	寛仁三（一〇一九）・二・二九以前	治安三（一〇二三）・閏九・二八（中務卿、遷任）以前
兵部卿	敦平（三条）	長和四（一〇一五）・一一・一二在任	寛仁三（一〇一九）・二・二九（大宰帥、遷任）以前
弾正尹	清仁（花山）	長和四（一〇一五）・一〇・四以後（藤原時光薨）〜長元二（一〇二九）・二・二九（紀略）以前	長元三（一〇三〇）・七・七薨

当然、前代以来の伝統的な朝儀の場に治天である上皇が姿を見せることはない。王家の長の政治的な権力と権威は強化されマックスとなる一方、その時代の国家的な行事は、幼い天皇が雛壇の壇上にいるかいないかのような場で執り行われ、ある意味皇権の色合いが非常にうすい形で催されていたことになる[2]。一つの見方として、法親王や女院らが主催し参加する種々の行事が増加し華やかに催される中で、王家の俗体のメンバーがその内部に隠されているような状態は、一二世紀から一三世紀の終わりまで続くが、一四世紀に入ると変化が生じる。親王任官が再開され、朝儀の晴れの場に親王が姿を見せるようになるのである。

一四四～一四五頁に掲げた表7は、鎌倉時代後半に再開された親王任官の状況を整理したものであり、平安期と同様、式部卿以下六つの官職に皇子たちが交替で任じられていく。

この中世の親王任官の嚆矢となったのは、後嵯峨の皇子宗尊親王であり、文永二（一二六五）年に中務卿に任じられ、続いて後深草の皇子久明親王が、永仁五（一二九七）年に式部卿に任ぜられている。表に見えるように突出して早いこの二人の皇子は、周知のように二人とも皇族将軍として鎌倉に迎えられた者たちであり、共に将軍在任中に任ぜられ、かつ一品昇叙が同時に行われていること、さらに宗尊の任官が父院の後嵯峨の治世下に、久明の場合も父後深草の院政のもとに行われていることからすると、幕府への気遣いを示すとともに、自己の皇統への支持を期待するという目的もあったのではないかと考えられる。しかし、彼は二人とも図らずも都に戻ってくることになるが、都では逆に幕府に遠慮して表立った活動ができなかったようである。

この征夷大将軍でもあった二人の皇子たちを、再開された親王任官の第一期とするならば、一四世紀に入ってすぐの亀山皇子守良親王、そして後宇多皇子の尊治親王（後醍醐）の任官によって始まる親王任官は、表7に見えるように、一四世紀を通じて、式部卿以下の五つの官職すべてにわたって継続される。この期間を第二期と見なしてよいであろう。そして、一五世紀前半には一旦ほとんど見られなくなり、後半に入って、文安三（一四四六）年に伏見宮貞常親王が式部卿に任ぜられ、その子孫が式部卿を代々受け継いでいくとともに（貞敦のみ中務卿）、亀山皇子恒明の子孫（常盤井宮）、後二条皇子邦良の子孫（木寺宮）の親王がその他の官職で任官していることが確認される。これを第三期としておこう。

表7を一瞥すると、南北朝の内乱開始以前は、その任官はほとんど大覚寺統の治世下で行われていることに気づく。特に後宇多院政の開始となる後二条天皇の践祚（正安三年）の頃に一つのエポックを見出すことができる。亀山皇子守良親王の兵部卿任官の正確な年時は不明であるが、[3]正安四（一三〇二）年二月一八日以前に任じられているのは確かであり（『実躬卿記』）、嘉元二（一三〇四）年三月には、後宇多の皇子尊治親王が大宰帥に任ぜられ、三年後の徳治二（一三〇七）年五月に中務卿を兼任している。

後宇多は、彼らを朝儀に参加させ、王朝時代の盛儀を復活しようという意図があったと考えられ、人々にもそのように受けとめられたようである。

①「今日節会公秀朝臣奉行之間、辰二点著二束帯一闕腋、螺鈿大刀、紫壇（緂）平緒参内、…**大宰帥親王**尊治**、今年帰二一条院旧風一可レ被二出仕一之由、上皇御結構**、仍毎事如法可二申沙汰一之旨、兼有二沙汰一之間、刻限等事殊早速可二催具一之由、諷諫了、未刻帥親王尊治自二仙洞冷泉面門一御乗車…、**親王出仕旧式雖二勿論事一、已絶而久、仍御行粧已下事無二分明之所見一歟、仍以二新儀一被レ作二其式一、御出事**、隆長朝臣奉行也、御作法等事、以二左府一被レ定二御師範一、**仍旧冬於二仙洞一有二御習礼一**、凡希代珍重事也、…」

（『実躬卿記』徳治二・正・七）

この史料①は、徳治二（一三〇七）年正月七日の白馬の節会記事であるが、その儀に大宰帥であった尊治親王（後の後醍醐）が出仕し、それは、一条天皇の「旧風」に帰するために後宇多が「結構」した

表7　鎌倉期〜戦国期の親王任官

	第一期	第二期
式部卿（正四下）	①**久明**（一品）永仁五（一二九七）・一二・一七任（帝）〜出家（嘉暦三〔一三二八〕・一〇・一四薨）（北）	②**恒明**（一品）嘉暦二（一三二七）・一一・五以前任（海）〜観応二（一三五一）・九・四出家（園） ③**邦省**（三品）貞治四（一三六五）・六・九以後（守）〜出家？（応安七〔一三七四〕・一一・九以前、大）
中務卿（正四上）	①**宗尊**（一品）文永二（一二六五）・九・一七任（外）〜文永九・二・三〇出家（帝）	②**尊治**（三品）徳治二（一三〇七）・五・一四兼（皇）〜延慶元（一三〇八）・九・一九立太子（公） ③**恒明**（一品）文保三（一三一九）・三・一一任（花）〜？ ④**尊良**（一品）嘉暦元（一三二六）・二・八任（続）〜元弘元（一三三一）・一二・二七配流（花） ⑤**康仁**（廃太子）元弘元（一三三一）・一〇・二八以前（花）〜文和四（一三五五）・四・二九薨（園） ⑥**全仁**（三品）貞治四（一三六五）・五・二〇以前任（守）〜貞治六・六・一五出家（守）
大宰帥（従三）		①**尊治**（三品）嘉元二（一三〇四）・三・七任（公）〜延慶元（一三〇八）・九・一九立太子（公） ②**邦省**（三品）元亨元（一三二一）・九・一任（花）〜？ ③**世良**（？）正中元（一三二四）・三・一二元服以後嘉暦三（一三二八）・一・一七以前（続）〜元徳二（一三三〇）・九・一七薨（胤） ④**全仁**（無品）康永元（一三四二）・三・三〇任（光）〜康安元（一三六一）・三・一五以後（園）
兵部卿（正四下）	（一二三〇年以降、一般公卿のみの任官）	①**守良**（四品）乾元元（一三〇二）・二・一八（躬）〜延慶元（一三〇八）・一・五以前（公） （この間、一般公卿のみ） ②**邦省**（三品）？嘉暦元（一三二六）・三・八以後（公）〜元弘二（一三三二）・一一・一〇以前（公） ③**熙明**（三品）？〜貞和四（一三四八）・一・八薨（園） （この間、一般公卿のみ） ④**邦世**（三品）延文四（一三五九）・三・二五任（園）〜貞治四（一三六五）・四・一九薨（守） （以下、一般公卿のみ）
弾正尹（従四下）	（一一・一三世紀に任官者無し） ▲源雅房（大納言）正安四（一三〇二）・二・二八任・九・二八薨（公）	①**忠房**（無品）元応元（一三一九）・九・二〇任（公）〜？ ▲源光忠（前権中納言）元徳元（一三二九）・一〇・一〇任（公） （この間、一般公卿のみ） ②**邦省**（三品）康安二（一三六二）・八・一〇以前任（大）〜貞治四（一三六五）・五・二〇以後（還式部卿） ③**満仁**（無品）永徳三（一三八三）・一・一六任（後）〜応永二（一三九五）・七・五〇以前（荒）

第三期
④貞常（二品） 文安三（一四四六）・三・三〇任（郷） 〜文明六（一四七四）・七・二薨（親） ⑤邦高（二品） 文明七（一四七五）・九・一七任（親） 〜享禄五（一五三二）・三・一九薨（二） ⑥邦輔（二品） 天文二（一五三三）・一二・九任（公） 〜永禄六（一五六三）・三・二六薨（言） ⑦貞康（二品） 永禄九（一五六六）・四・二九任（湯） 〜永禄一一・四・一五薨（言）
⑦**邦康**（二品） 康正元（一四五五）・一〇・二八任（康） 〜？ ⑧貞敦（二品） 永正四（一五〇七）・二・一〇任（隆） 〜天文一四（一五四五）・四・二七出家（言）
⑤**恒直**（？） 永正九（一五一二）・一一・二七任（皇親系） 〜天文二一（一五五二）・八・？薨（続）
④**全明**（無品） 寛正五（一四六四）・？・？任（続） 〜永正六（一五〇九）・一・四出家（尊）

＊親王名の右に付した品位は、最終的に昇進したものを提示。

＊表上段の官職名の右に付した位階は、令制の官位相当として規定されたもの。

＊典拠略号

公＝公卿補任、胤＝皇胤紹運録、尊＝尊卑分脈、帝＝帝王編年紀、皇＝皇年代略記、続＝続史愚抄、北＝北条九代記、外＝外記日記、躬＝実躬卿記、花＝花園天皇日記、守＝師守記、園＝園太暦、光＝光明院宸記、後＝後愚昧記、荒＝荒暦、郷＝師郷記、康＝康富記、親＝親長卿記、隆＝実隆公記、二＝二水記、言＝言継卿記、湯＝御湯殿上日記、大＝大徳寺文書、海＝海蔵院文書。

ものであったと記主の藤原（三条）実躬は記している。古い儀式を再現するといっても、すでにこの時代には「御行粧已下事」がわからなくなっていたので、新たに式次第を作り直さなければならず、そのためか前年、院の御所で予行練習を行って本番に臨んだものであった。すでに嘉元三（一三〇五）年に亀山は崩じており、後宇多の意向が強く反映した儀式であったと考えられる。

この年の七月に後宇多は出家してしまい、さらに翌年の正月の節会は、前年一二月の春日神木入洛により氏の公卿が出仕を控えたことなどにより自粛した形で行われた上（叙位・除目、御斎会なども挙行できなかった）、八月には、後二条天皇がわずか二四歳で崩御してしまい、この後宇多の計画は、中途で終わってしまったようである。しかし、文保二（一三一八）年二月に践祚した後醍醐天皇は、次の『増鏡』の記事に見えるように、後宇多の始めた親王を参加させての朝儀復興を受け継いでいた。

②「かくて今年も暮れぬれば、嘉暦も二年に成ぬ、一の宮御冠《かうぶり》して、中務の卿尊良の親王ときこゆ、去年《こぞ》より内に御宿直所してわたらせ給、正月の十六日の節会に、めづらしく出給、御門も徳治の比、帥にて七日の節に出でさせ給へりしためし、思し出づるにや、大かた、ふるくみなさこそありけれど、近ごろは、いたくかやうにはなかりつるを、御子たち御冠の後は、いづれも昔おぼえて、さるべきおり〳〵出でつかへさせ給めり、今日の節会は、常よりことにひきつくろはる丶なるべし、…二の宮は西園寺宰相中将実俊の女の御腹也、帥の御子世良の親王ときこゆ、照（昭）慶門院、とりわき養ひ奉らせ給ふ、この宮は、御めのと源大納言親房也、それもうち〳〵、うへの御衣にて、御門南殿

へ出でさせ給へば、御供にさぶらはせ給、又常盤井の式部卿宮は、亀山院の御子なれど、当代といと念比なる御中にて、此御子たちとおなじやうに、つねはうちつれ、御宿直などせさせたまふ、今日も御まいりありて、御子たち歩みつゞかせ給へる、いとおもしろし、若き女房などは、心づかひことなるころならんかし」

（『増鏡』第十四、春の別れ）

この史料②では、すでに後宇多が元亨四（一三二四）年に崩御した後のことであるが、嘉暦二（一三二七）年正月の踏歌の節会に、後醍醐の皇子尊良親王（中務卿）が参仕したことを伝える。また、親王等の朝儀への参加は、この儀だけではなく、「さるべきおり〳〵」に催されたと伝えている。『増鏡』は踏歌の節会だけを取り上げているが、次の史料③に見えるように、親王の出仕はこの年の元日の節会と白馬の節会にも行われていた。

③ａ「戌刻小朝拜、中務卿親王（此一両年□御同宿禁中、今上第一親王之儀、為世卿外孫）令㆑立給、左大臣・内大臣・右大将以下十余人、殿上人七八許輩、丑刻節会、内弁一上、外弁内府已下云々、**抑依㆓別勅㆒、諸卿家㆔礼于親王㆓云々**、関白不㆓出仕㆒、歓楽不快之故云々」

（『房実公記』嘉暦二・正・一）

ｂ「…左大臣辰刻参陣、然而出御未一点云々、内大臣・右大将已下十余人、中書王又令出仕給、…」

（同前嘉暦二・正・七、傍点著者）

ｃ「但式部卿親王嘉暦二年正月五日叙位、令㆑叙㆓二品㆒給候、七日白馬節会、内弁左大臣（後円光院関白殿下）・

外□(弁)中務卿尊良親王・内大臣近衛前殿下以下参入、式部卿親王無㆓御参内㆒、…」

（『師守記』康永三・正・七）

表7に見えるように、後醍醐が践祚し後宇多の院政が再開された文保三（一三一九）年に、亀山皇子恒明が、かって後醍醐自身がその任にあった中務卿に任ぜられ（中務卿③、③は表7の番号、以下同じ）、一方、前に触れたように順徳子孫の忠房が、源氏から皇籍に戻され親王宣下を受け、弾正尹に任ぜられている（弾正尹①）。さらに元亨元（一三二一）年に後二条皇子の邦省が大宰帥（②）に[4]、後醍醐の皇子世良も正中元（一三二四）年三月一二日に元服とともに、恐らく邦省が兵部卿（②）に遷任した後、大宰帥（③）に任ぜられた。

『増鏡』に見える嘉暦二（一三二七）年当時生存していた俗体の親王を並べて整理してみると表8のようになる。皇太子の量仁を除く八人の親王のうち、持明院統は、征夷大将軍の前任と現任の二人だけであり、残りはすべて大覚寺統系であり、順徳子孫の忠房も大覚寺統に含めて考えると親王任官の対象となる五つの官職をすべて大覚寺統系で占めていることになる。

史料的な限界もあり、彼らの朝儀への出仕は前記の尊良親王しか確認できないが、史料②の『増鏡』に見えるように、二宮の世良親王は、「それもうち〳〵、うへの御衣にて、御門南殿へ出でさせ給へば、御供にさぶらはせ給」とあるように、後醍醐が南殿（紫宸殿）に出御した際に、傍に侍していることが知られ、また「御子たち御冠の後は、いづれも昔おぼえて、さるべきおり〳〵出でつかへさせ給めり」

と、皇子たちはしばしば和歌や漢詩、蹴鞠の催しや遊宴に参加していたと考えられる。

特に注目すべきは、史料③ａに見えるように、後醍醐は、節会に参加した公卿たちに対して「別勅」を発し、尊良親王に対し「家礼」を行うように命じていることである。

家礼は、朝廷などの儀式において、本来次第などに既定された作法以外の行為を行って、対象となる

表8　嘉暦二（一三二七）年時の俗体の皇子

皇統	皇子名	父	備考
大覚寺統	邦省	後二条	元亨元（一三二一）・三・一九　元服、九・一任**大宰帥**。 嘉暦元・三・八以後、転**兵部卿**。＊遊宴に参加の記事あり。
	尊良	後醍醐	嘉暦元・二・八　元服。任**中務卿**。 ＊嘉暦二・一・一六　踏歌節会（『増鏡』）。
	世良	後醍醐	正中元（一三二四）・三・一二　元服。任**大宰帥**？ ＊嘉暦二・一・一六　踏歌節会（『増鏡』）、同三・一・一七　議定始（『続史愚抄』）。
	守良	亀山	元亨二年以前に出家（『大徳寺文書』貞和五・三・一四付光厳院院宣）。 ＊遊宴に参加の記事あり。
	恒明	亀山	嘉暦二・一・五、叙二品、これ以前に遷**式部卿**。 ＊嘉暦二・一・一六　踏歌節会（『増鏡』）
持明院統	量仁	後伏見	正和二（一三一三）・八・一七　立親王。嘉暦元・七・二四　立太子。
	久明	後深草	正応二（一二八九）・一〇・一　立親王。一〇・九　征夷大将軍。延慶元・八・四帰洛。 嘉暦三・一〇・一四　薨ず。
	守邦	久明親王	延慶元（一三〇八）・八・一〇　征夷大将軍。九・一九　立親王。
順徳子孫	忠房	忠成王	元応元（一三一九）・二・一八　親王宣下。九・二〇　任**弾正尹**。

人物（父や祖父、兄弟、伯〔叔〕父などが儀式の上卿や役を担当している場合が多く、僧侶の場合にも行われる）[5]に敬意を示すものであり、平安中期から確認されるが、貴族たちの関心が強まったのは、院政期に入る頃からであり、彼らの日記にもそれについての言及が増加していく。「家」の日記や故実などへの関心も増している時期であり、中世的な「家」意識の強まりを反映していると考えられるが、一方で、一二世紀後半頃から、桓武平氏高棟流や勧修寺流藤原氏などのような摂関家の家司を務める家柄から公卿に昇った者たちが、摂関及びその子弟の公卿に対して家礼をとる事例が見られるようになり[6]、その傾向は、摂関家に次ぐ清華家に対してもとられるようになっていったようである。特に摂関家では、「家司を経て卿相に昇り、家礼太だ深きの故」という論理で、そのような公卿に家礼をするように求めるようになったのに対し、すでに公卿の「家」として定着していた勧修寺流藤原氏などの中には、「予、殿下においては家司を経ず、太だ疎遠の身」と反発を生じる事態になっていた[7]。さらに「近衛殿家礼の人」（『吉続記』建治二・正・七）と表現されるように、分裂しつつあった摂関家の中の特定の「家」に対してその所属が周知される者も現れ、摂関家との緩やかな主従関係を示すものになりつつあった。一四世紀の事例であるが、預けてある摂関家領に属する荘園の没収をちらつかせて家礼をとることを強制する場合も生じていた[8]。

家礼は、摂関家やそれに準じる権門の「家」にとっては、その貴族社会における権威と自家への所属の確認のために重要な儀礼（を含む人間関係）となっていたのである。そのような段階での後醍醐によるその皇子らへの家礼の強制は、単なる儀式における作法の問題ではなかったと考えられる。史料③aに見える「諸卿」がどの範囲であるかは不明であるが、③bに見えるように内大臣近衛基嗣も含まれるというのであれば、摂関家の子弟にも対象となるのであり、それは摂関家の権威を大きく揺るがす「別勅」であったと評価せざるをえないのである。

特にこの嘉暦二年の節会では、関白鷹司冬平が病気で不在（正月一九日に薨じている）であったことも相まって、朝儀の場において天皇の存在感を強くアピールすることになった。だからこそ『増鏡』の作者にも強い印象を残して多くの筆を費やしたのであろう。この後に見られる後醍醐の皇子たちの多彩な活動[9]として捉えることも可能なのかもしれない。

もう一つ付け加えておくならば、史料②の後半に「常盤井の式部卿宮は、亀山院の御子なれど、当代といと念比なる御中にて、此御子たちとおなじやうに、つねはうちつれ、御宿直などせさせたまふ」とあるように、「式部卿宮」つまり亀山皇子の恒明もその一人として扱われている点である。摂関家を圧倒し皇権の復興を担う皇子たちの一翼を担うだけではなく、王家における政治的な綱引きのキーパーソン的な存在でもあったようである。次は、この恒明に焦点を当てて考えてみよう。

第二節　恒明親王とその子孫（常盤井宮家）

鎌倉後期、いわゆる両統迭立期に入ると、第一章で述べたように王家の体制は大きく動揺し、さらに建武政権の成立と崩壊、そして南北朝の内乱を迎えることによって、変質を余儀なくされていった。しかし、王朝都市京都に政権の中枢を置いた武家政権（室町幕府）は、旧来の王朝勢力が持っていた政治的権限については広範囲に吸収していくが、王家そのものについては、後に門跡寺院に将軍家の子女が送り込まれるようになったこと以外は、あまり手を付けることなく、むしろ旧来の体制を復興して、新たに形成されていった公武社会における将軍家の貴種性を高めることに利用しようとした観がある。世襲宮家の問題も、後述するようにこの新たな状況下において、その萌芽的存在が生み出されたことをふまえなければならないと思われる。以下、この問題を理解するために二、三の点を確認しておきたい。

建武政権の崩壊後、北と南の二つの朝廷が生み出され、互いに相手を否定しようとしたが、その血統まで消滅させようとした訳ではなかったようである。たしかに軍事的な役割をもって全国に派遣された南朝の皇子たちの中には、合戦で討死したり、捕らえられ命を失ったりした者もいたが、あくまで政治的軍事的に問題とされた場合が主であり、そうでなければ皇族としてその貴種性を重視し、保護・管理下に置くというのが原則であったようである。

観応の擾乱に続く正平の一統に際して、南朝側が北朝の三上皇と元皇太子を吉野に拉致した時も、また実質的に幕府の軍事力によって南朝の天皇を管理下においた足利義満による南北朝の合一の際にも、その皇統の断絶は目論まれたが、血統の消滅（皇族の粛清）は少なくとも表面上は行われなかった。この辺りは、中国などの他国の王朝とは、歴史的に異なる背景があったとみなされよう。この点は、俗体の皇子ばかりでなく、門跡寺院に配されていた僧体の皇子たちも同様であり、対立する皇統の出身というだけでは、天台座主や興福寺別当などの政治的に重要な地位からは排除されることはあっても、門跡寺院から即座に追い払われたり、拘束されたりするようなことはなかったようである。

また、南北朝の内乱期に入って、後醍醐天皇とその子孫は従来の王家から分離し、いわば新たな皇統を形成することになったが、後醍醐が属していた大覚寺統の皇族たちは、それとは一程度の距離を置き、持明院統天皇家も含む形で旧来の王家の枠組みを残しつつ、解体し変容しつつある王朝国家における求心力を維持しようとしていたと考えられる。摂関家や有力な朝廷の廷臣たちにとっても、王家が持明院統の天皇家だけで構成されているとは考えていなかったであろう。皇統からはずれている王家の人々の価値が失われた訳ではないのである。

さて、建武二（一三三五）年一一月、鎌倉で後醍醐に叛した足利尊氏・直義兄弟は、幕府再興のために必要な皇位継承者を提供できる存在として選んだ相手は、周知のとおり、後伏見を家長とする持明院統天皇家であった。この選択は、当時おかれていた王家の状況を見渡しても、極めて当然のものであったと考えられる。単に大覚寺統の後醍醐に対抗する持明院統という旗印としてだけでなく、前述したように持明院統は、天皇家と表現してよいレベルですでに中世的な「家」の形成を進めており、当時その「家」内部に、三人の皇位経験者（後伏見・花園・光厳）を擁し、俗体の皇子も数人（後伏見皇子豊仁・尊道、花園皇子業永・直仁、光厳皇子興仁など）を抱え、かつその生母の女院たち（永福門院・広義門院）も健在であった。そしてそのメンバーに対して、家長の統制が十分に行き届いていた。

一方、大覚寺統の方は、亀山にその正嫡と位置付けられた恒明親王は存命であったが、後二条の皇子で後醍醐の皇太子に立った邦良親王はすでに亡く、皇子としては、恒明の子全仁、邦良の弟邦省がいるくらいであり、女院は、恒明の生母昭訓門院（西園寺瑛子、永福門院と共に実兼の娘）、後二条の生母西華門院がいたが、何より皇位経験者（上皇）が不在であり、皇子を皇位に即けても中世の朝政の安定的な政体といえる院政をすぐには実現できなかったのである。

尊氏には、後嵯峨の先例を踏まえて、大覚寺統正嫡として、後醍醐の皇統としての正統性を相対化できる恒明親王を選ぶという選択肢もあったと考えられる。承久の乱後の後高倉・後堀河の場合のように、恒明に院号を与え、その子全仁を天皇に即けるということも可能であったろう。しかし、すでに始まっている南朝勢力との戦争状態の中、混乱する京都の政情を鎮静化し、摂関家以下の公家や比叡山や興福寺などの宗教権門を押さえていくためには、できるだけ不安定要素がない状態で王権の再建をめざす必要があり、この恒明という選択は尊氏や直義でなくとも躊躇せざるをえなかったであろう。ただ、彼らの選択は、あくまで持明院統天皇家を皇統に据えることであり、王家自体を消滅させるものではなかったはずである。この先に展開する政治的状況はまったくの未知数であり、さまざまに起こりうる状況の変化に対応していかなければならない以上、できる限り選択肢は残しておく必要があったはずである(10)。

亀山皇子恒明親王

恒明親王は、亀山の皇子として嘉元元（一三〇三）年五月九日に生まれた。母は昭訓門院（藤原瑛子）で、西園寺実兼の娘である。亀山にとって「鍾愛の御末子(11)」であった恒明であるが、不幸にも誕生より二年後に父亀山は崩御してしまう。

嘉元三年八月、病が重くなった亀山は、恒明の将来を慮り、次のような置文を残した。

④「立坊之間事、院并持明院殿御返事如レ此、不レ絶二夜鶴之思一奔波、以二至孝之志一、可レ被レ謝者也、且以二此旨一、必可レ被レ仰二関東一者也、毎事前右府候へは、可レ被二仰合一也、雖レ不レ及二成人一、如レ此書置、可レ被レ達二遠方一也／嘉元三年八月五日」

（『鎌倉遺文』二二二九六号）

この文書については、すでに森茂暁氏によって詳細な分析がなされているが[12]、冒頭に「立坊の間の事」、つまり恒明を皇太子に立てることについて、院（後宇多）及び持明院殿（伏見）の了解を受けていることをあげ、この段階では、大覚寺統の後二条天皇が正安三（一三〇一）年に即位し、皇太子として持明院統の富仁親王（後の花園天皇）が立っており、その次に大覚寺統から立てる際に恒明を立てるようにとの遺詔であった。この時期、立坊（立太子）こそが次の代の治世を約する最重要事項であり、王家内部だけでは確約できなかったため、文中には、後見を託した西園寺公衡（関東申次）を通じて幕府にも通知するようにと指示されている。恐らくそれは実行され、この置文は、その後東宮冊立の機会ある度に持ち出されたものと考えられる。

文保二（一三一八）年二月、後醍醐天皇が践祚し、その東宮に大覚寺統の邦良親王（後二条皇子、当時一九歳）が立てられたが、恒明はすでに一五歳に達していたもののいまだ元服の儀が行われていなかった。後宇多が花園天皇の譲位について、前年のうちに幕府を巻き込み、持明院統と折衝を重ねた理由の一つに（いわゆる文保の和談）、大覚寺統の正嫡の座を後二条の子孫に確定させるためには、一番のネックとなる恒明の元服が近づいていたことへの切迫感があったのであろう。恒明が元服を遂げたのは、この年の暮れの一二月一八日であり、翌年の正月に二品に叙されたが、後の祭りであった。最初の大事な機会を失ったことになる。

はるか昔、白河院が父後三条の遺詔に苦しんだように（三宮問題）、幕府の支持を受け、王家の再建をはかった後嵯峨から王家の長を引き継いだ亀山の遺詔は、その子孫の大覚寺統内ばかりでなく、王家全体において相当の重みがあったものと考えられる。そのため後宇多は、恒明の動向を常に意識しなければならなかった。しかし、その後宇多も元亨四（一三二四）年に崩御し、さらに二年後の嘉暦元年三月、東宮の邦良親王が薨じてしまう。

この後任の東宮選定には、四人の候補者が名乗りを上げた。後醍醐の皇子尊良、故東宮邦良の同母弟邦省、それに恒明と持明院統の量仁（後伏見皇子）であり、森茂暁氏が指摘されているように「当時、天皇を送り出せる四つの独立した勢力（大覚寺統・三、持明院統・一）が存在したことを示唆」するものであった[13]。この指摘は重要であり、前代以来の王家がこの段階に至って解体期を迎えつつあったことを示していることになり、それぞれの勢力は、各自が相伝した荘園群を経済的な基盤とし、それに応じた廷臣を抱えて、皇位に関わる「家」として維持されていくことになる。従来ならば、王家内部で価値を失った一流は、その内部で保護されながらも自然に立ち枯れていくことになったが、ここに皇位も二つに分裂し、それぞれを受け持つべき四つの勢力を政治的に解消できないまま、王家のメンバーとして南北朝の動乱をかろうじて生き抜いていくことになる。[14]

ところで、前述の嘉暦元年の東宮選定は、結局持明院統の量仁親王に決まったが、それを争った四つの勢力は、対立するばかりでなく、次の機会を狙って、合従連衡が繰り広げていたようである。例えば、本章史料②として提示した『増鏡』には、後醍醐天皇が、嘉暦二年正月の踏歌の節会に際し、父後宇多の時代に自分が参仕したのと同様に、第一皇子の尊良親王に参加させ、他の様々な朝儀の場にも、古儀を模して皇子たちを参仕させたことが記されている。その中に「常盤井の式部卿宮」つまり恒明親王も後醍醐と「いと念比なる御中」なので加わっていたという。[15]後醍醐は恒明に皇位を譲るつもりはまったくなかったと思われるが、後二条の皇子たちや持明院統との対抗上、恒明とは良好な関係を保とうと考えていたようであり、建武政権成立とともに、恒明を一品に叙して遇している。

また、恒明の子全仁は、暦応四（一三四一）年に二一歳で元服をとげるが、その時点ですでに親王となっていたようであり、[16]これも恐らく誕生後まもなく、後醍醐の治世下に宣下されたものと推測され、後醍醐の恒明に対する優遇策の一環として捉えられよう。

一方、持明院統側においても、『花園天皇日記』を見ると、元応元（一三一九）年から元亨四（一三二四、正中元）年にかけて、恒明は、後伏見や花園とともに、和歌[17]や詩の会、そして蹴鞠の会などに[18]も席を共にしていることが知られ、特に伏見妃であった永福門院（鏱子）が恒明の母昭訓門院（瑛子）と共に西園寺実兼の娘で同母姉妹であったことから、北山邸・西園寺などの西園寺家ゆかりの場で、広義門院（公衡の娘、後伏見妃）も交えて、実兼やその子今出川兼季や実兼の嫡孫である実衡らとともに、いわば西園寺ファミリーの一員として行動していることが知られる。西園寺家にとっては、自らのバックアップで皇位を狙わせる掌中の玉であり、持明院統天皇家にとっても、皇位継承の問題からはできるだけ遠ざけておきたい存在であるが、権門西園寺家との関係を維持するためには、恒明を自家のサイドに取り込んでおく必要があったものと思われる。

恒明親王の皇子たち—法親王を中心に—

後醍醐による建武新政の開始は、恒明にとって、二重の意味で将来の展望を失わせる事態となったであろう。後醍醐から皇位がまわってくることはまずあり得ないと判断されたであろうし、重要な庇護者であった西園寺家が、関東申次の地位を失って権力を喪失したばかりでなく、後醍醐への謀反の嫌疑で当主の公宗が処刑されてしまい、「家」としての存続すらも不安定な状態に陥ったからである。ただ、恒明としても手をこまねいていた訳ではなかった。

系図4は、この時期の王家の状況を総観するために、『紹運録』『尊卑分脈』などをもとに、後嵯峨及び後深草の子孫（持明院統）に見える天皇と親王号・法親王号を宣下された皇子、それに女院となった皇女を掲示したものであり、系図5は、同様に亀山子孫（大覚寺統）におけるそれらを示したものである。皇子については、原則親王号を宣下された者のみを所載したが、行論の都合で出家後も親王号を宣下されていない者も載せている箇所がある。そして系図6は、系図4から続く中世後期の持明院統の系図である。

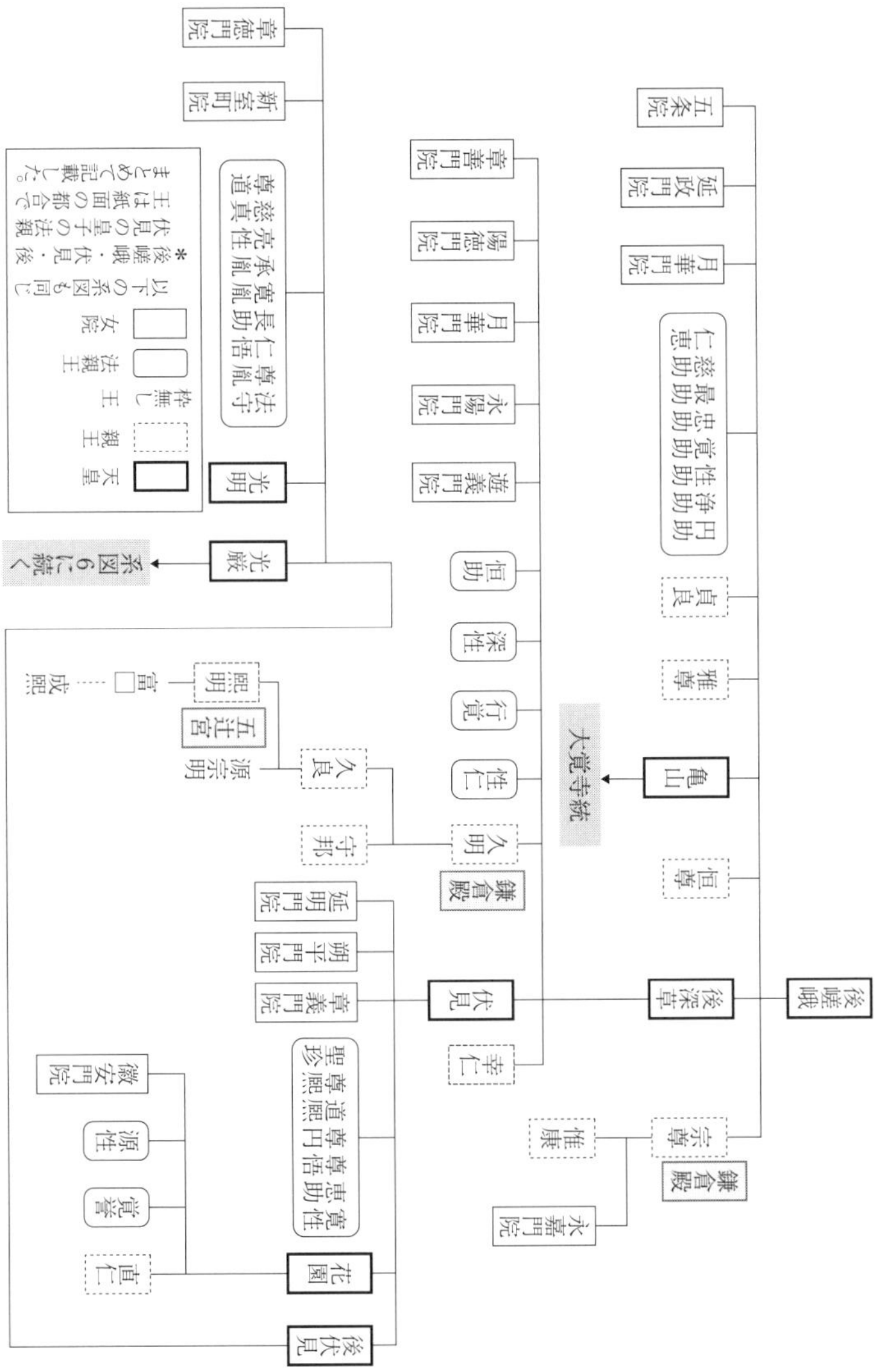

系図4　持明院統の皇子たち（1）

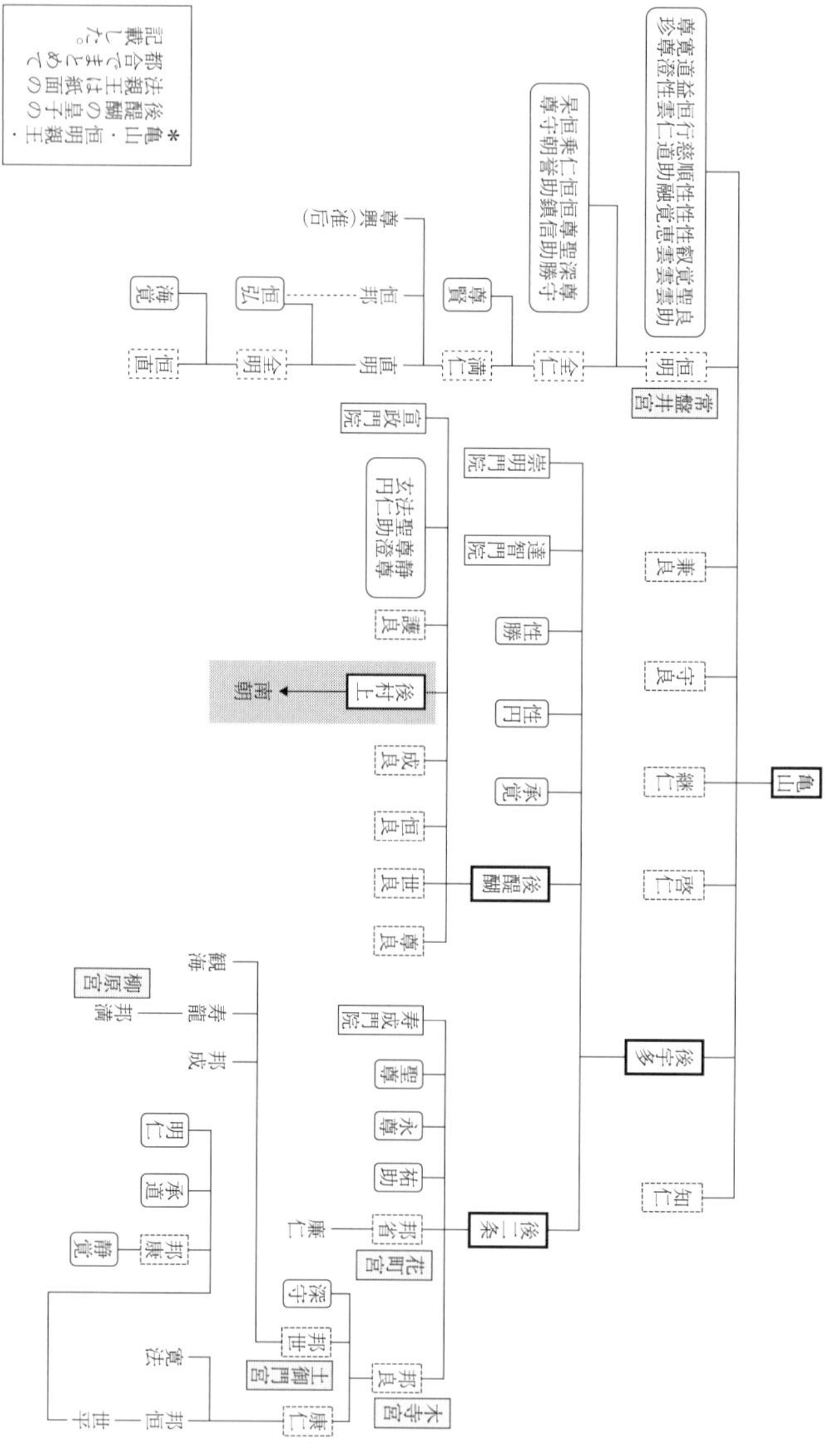

系図5　大覚寺統の皇子たち

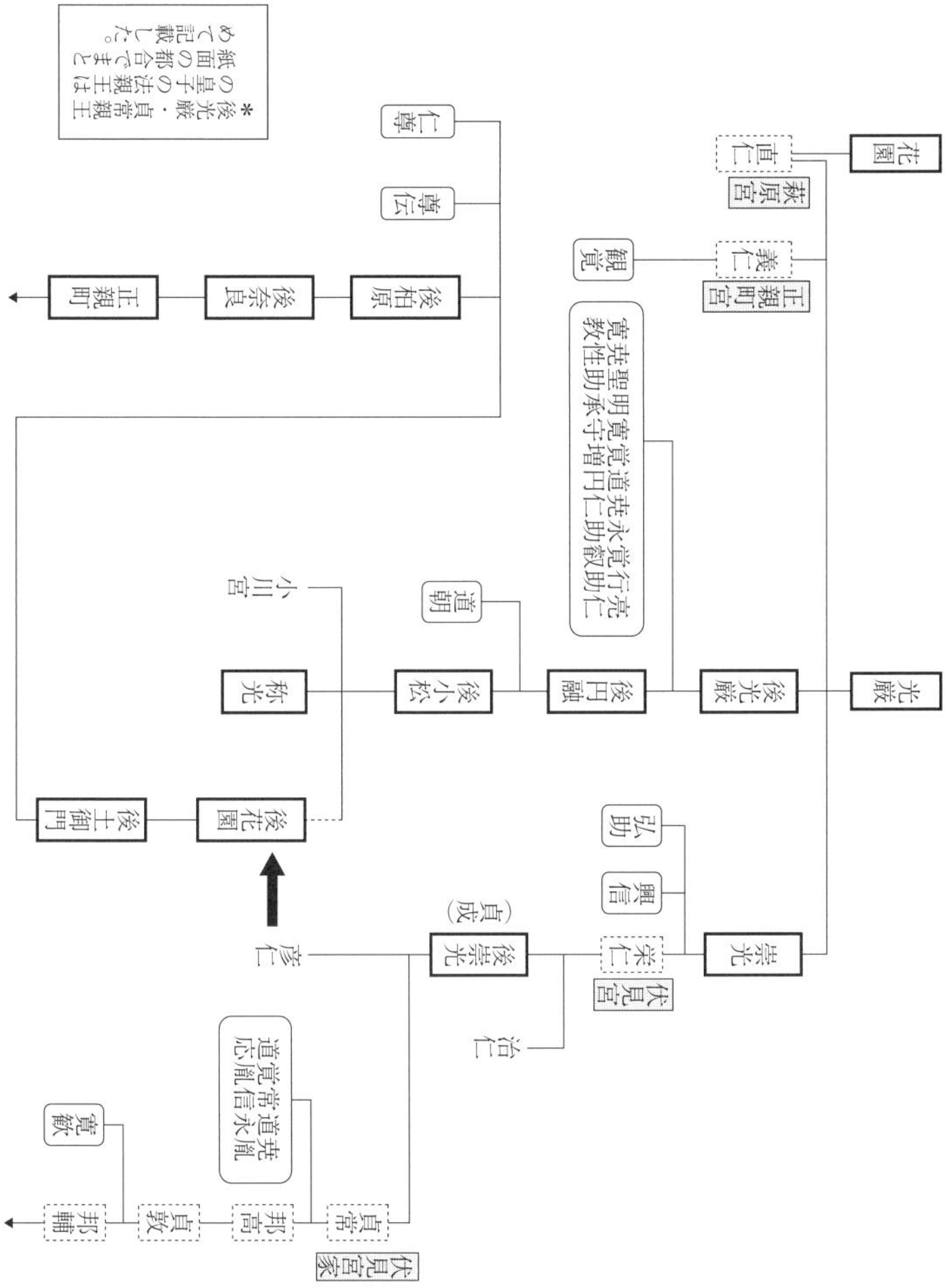

系図6　持明院統の皇子たち（2）

三つの系図全体からまず知られることは、後嵯峨の代においても、また両統に分かれて以降も、俗体で残され親王号を宣下された皇子より、出家させ法親王となった皇子がかなりの人数に上ることである。両者ともに早逝してしまった皇子も含まれるので、明確なことはいえないが、王家から大量の法親王が、天台・真言などのさまざまな門跡寺院に送り込まれたことは確かであり、その政治的・宗教的かつ文化的な影響は決して無視できないものであったろう。さらに王家から幾分かの所領が付属されるにしても、本来その寺院に集積・伝領されていた所領を支配することで、所属する皇統に対して経済的にも大きな役割を果たしたと考えられる。

ここではその問題にはこれ以上立ち入らないが、例えば、系図5に見えるように、恒明の場合、九人もの子息を法親王として送り出しており、その数だけで見るならば、後宇多・後二条・後醍醐よりも多く、持明院統の方を見ても、それを超えるのは後伏見くらいなのであり、男子に恵まれたということもあろうが、皇位に即いた皇統の継承者たちと比較しても遜色のないものと言ってよいであろう。

表9は、恒明の皇子で寺院に入った者たちについて整理したものである。

『紹運録』では見えない杲尊という出家した皇子は、他の系図には所載されており、恒明の子の可能性が高いので載せておいた(19)。表9の5の慈明と8の恒守については、慈明は貞和三（一三四七）年正月、西山青龍院において両部灌頂を授けられたことは知られるが（『華頂要略』門主伝一七）、その事績をうかがえる史料は他に恵まれず、東大寺の東南院に入った3の聖助と同様に、恐らく入室後若くして亡くなったものと考えられる。

第一皇子の尊守法親王は、仁和寺に入り、安井（蓮華光院）・西院両門跡を亀山院の皇子寛尊法親王から譲られ、共に同じ大覚寺統の康仁親王（後二条子孫）の子寛法に譲られている（『仁和寺諸院家記』）。「安井宮」と称した寛尊法親王[20]は、貞和二年以前には大覚寺に移り（『賢俊僧正日記』貞和二・八・一七）、

表9　常盤井宮恒明親王の皇子たち

	皇子名（諱）	親王宣下	入室寺院名	備考
1	尊守法親王	？	安井（仁和寺）	
2	深勝「親王」	？	醍醐寺？	
3	聖助（聖珍?）「法親王」	？	東南院（東大寺）	文和四（一三五五）・一一・?薨。
4	尊信法親王	？	勧修寺 ＊後宝泉院殿	応安二（一三六九）年に東大寺別当。 康暦二（一三八〇）・四・二一薨。
5	慈明	？	？	
6	恒鎮法親王	貞治元・九・二三以前	梶井（延暦寺）	貞治元（一三六二）・九・二三に天台座主。 応安五（一三七二）・一・三薨。
7	仁誉法親王	？	聖護院（園城寺）	母は洞院実泰女（永福門院東御方）。 延文元（一三五六）・一二・一八入室。 康安元（一三六一）年、園城寺長吏。
8	恒守（法親王）	？	？	？
9	乗朝法親王	貞治六・八・二七	上乗院（仁和寺） ＊下河原宮	応永一四（一四〇七）・七・三薨。
10	恒助法親王	永和二・九・四	相応院（仁和寺）	？
11	杲尊「親王」		？	応永六（一三九九）・一・一七薨。

＊補任・薨年などは『常楽記』『時宗過去帳』『勧修寺長吏次第』『園城寺長吏次第』等に拠る。

以後「大覚寺宮」と呼ばれるようになるので[21]、尊守が門跡を相続したのは一三四〇年前後かと推測される。

第二皇子として載せられる深勝は、『紹運録』には親王号が附されていないが、次の記事から、『紹運録』に載せられていない杲尊とともに親王であったようであり、どうも南朝において宣下されたために『紹運録』では省かれたようである。

⑤「雖レ為二狼藉日一、先徳不レ憚之間、伝法灌頂執二行之一、受者**孫王成仁**後村上院第三皇子二品、中務卿惟成第一御子也既対二于伊勢国興昌寺長老、、一雖レ被レ受二職位一、重遂二其節一給者也、**深勝親王入室弟子、杲尊親王之附属也、**所下令二伝持一給上者、弘真僧正法流也、本尊霊物悉被レ相二承之一、仍彼上人伝受也、、、弘真孫弟妙印上人附法也、去年十一月令二上洛一給、四度加行等為二已達事一之間、皆一个日被二執行一、灌頂加行三七个日、不動護摩被レ修レ之、大師尊師所作、毎日社参等、無二解（懈）怠一有二其沙汰一、**於二南朝一既雖レ被レ授二親王宣一、当代之時宜依レ非レ無二斟酌一、無官之竹園之儀也、**仍装束等事難治之間、談二合勧修寺宮僧正一致二其沙汰一畢、親王宣下之以後者、可レ被レ著二蒲萄染袍・紅打裳一也、或又著二香染法服事一有レ之、…」

（『伝法灌頂雑記』応永一七・三・二七）

この史料⑤は、応永一七（一四一〇）年三月二七日、後村上天皇の皇子惟成親王の子成仁が、醍醐寺地蔵院の聖快のもとで伝法灌頂を受けることになった際の記録であり、前年に越前国から入洛し同寺に入った成仁がすでに「深勝親王」に入室して弟子となって「杲尊親王」に附属され、「弘真僧正法流」
つまり小野流の文観の法流を受け継いだだと記されている。また当時、成仁は南朝で親王宣下を受けてい
るが、南北朝合一後の持明院統の後小松天皇の治世においては、親王としての儀式は行えず、今回は
「無官之竹園之儀」で行うことになったと記している点も興味深い。南朝での親王宣下が認められず、
『紹運録』などにおいても南朝で親王宣下を受けた皇子たちは、その肩書が付されない場合が多かった
可能性を示している。『紹運録』で、深勝に親王号が付されていないのもそのためかと考えられる。
井上宗雄氏の研究によれば、深勝は、南朝歌壇において、後醍醐の皇子宗良親王によって催された
「宗良勧進住吉社三百六十番歌合」に作者として見え、その宗良によって選修された『新葉和歌集』に
も五八九番として「和泉国万代別宮に参籠し侍りける時、よめる」という詞書で「二品法親王深勝」の
歌が所載されている。また森茂暁氏は、「深勝を仁誉と同様の護持僧と見るにはやや躊躇せざるをえな
いが、それに近い面のあることは認めてよかろう」と後述の仁誉法親王に近い存在として位置付けてい
る。

　第四皇子の尊信法親王は、勧修寺に入り、『勧修寺長吏次第』（群書類従）によれば、一八代の長吏を
務め、応安六（一三七三）年九月に東大寺別当となり（『東大寺別当次第』）、康暦二（一三八〇）年四月二
一日に薨じている。また安祥寺の寺務も兼ねていたらしい。
　六番目の皇子として見える恒鎮法親王は、天台宗の梶井門跡に入り、『梶井門跡略系譜』（続群書類従）
によれば、前代の門跡承胤親王（後伏見皇子）の項に「応安六年十一月十四日、この十年ばかり、遁世

して禅僧たり、しかるに去年門主恒鎮親王入滅の後、当門跡に還住す」とあるように、応安六（一三七三）年の一〇年程前に遁世した承胤の跡を受けて門跡となったという。『迎陽記』貞治元（一三六二）年九月二三日条に「先に天台座主宣下の事あり梶井新宮無品恒鎮法親王御補任」とあるように、「梶井新宮」の恒鎮が天台座主に任ぜられており、この頃に門跡を継承したのは確かであろう。

応安元年には、内裏に参仕して彗星御祈のために仏眼法を修しており[25]、森茂暁氏は、恒鎮が後光厳天皇の護持僧であったと指摘されている。大覚寺統の出自ながら、観応の擾乱によって持明院統天皇家の長である光厳と光明・崇光、それに皇太子であった直仁親王が吉野に拉致された後に、尊氏によって擁立された後光厳（光厳の皇子）の朝廷に信を得ていたことは興味深い。

しかし、応安五（一三七二）年正月三日、恒鎮が青侍法師の「但馬上座」に殺害されるという珍事が起き（『後愚昧記』応安五・正・四）、「山門衆徒」の要請により前述の承胤法親王が門跡に還任した（『愚管記』一一・七）。承胤も一年程務めた後に薨じてしまい、その跡を承胤のもとに入室していた後光厳の皇子覚叡親王が跡を継いだものの、永和二（一三七六）年七月に一七歳で薨じ、さらにその兄弟の明承親王によって継承された[26]。

次の仁誉法親王は、『系図纂要』によれば、その母は洞院実泰の娘であるという。同時代史料では確認できないが、森茂暁氏は、『尊卑分脈』の実泰の女子に「永福門院東御方恒良親王の妾、後に関白師平公に嫁す」と付されている点に注目され、「恒良」の「良」は「明」の誤記と考え、この永福門院（西園寺鏱子）に仕えた東御方という女性をその生母に比定されている。

仮に恒良をそのままでよいと考え、この頃を見渡してみると、後醍醐の皇子で元弘四（一三三四、建武元）年に皇太子に立てられた恒良親王がおり、その妻という可能性もある。たしかに彼女がその後に嫁したという鷹司師平は、恒良の春宮大夫であり、恒良に近い人物であったので、『尊卑分脈』の付記も蓋然性はあるように思えるが、恒良の立太子時の年齢は一〇歳くらいと考えられ、これ以前の女性関係は想定しにくいし、さらに彼は建武政権崩壊後、新田義貞らと共に越前国に下り軍事活動を展開し、金崎城落城後、尊氏方に捕らえられ、京都に送還後監禁された。そのような状況下で、北朝の永福門院の女房と関係を持つことはない訳ではないが可能性が低い。前述のように、恒明が母昭訓門院とともに、その姉の永福門院や持明院統の人々との親しい交流を考えると、恒明とされる森氏の指摘が当を得ていると思われる。

仁誉の事績も知られることが少ないが、『園城寺長吏次第』によれば、園城寺の聖護院に入り、康安元（一三六一）年に長吏となったとする。次の長吏の良瑜が貞治二（一三六三）年三月六日に就いているので、その頃まで長吏であったと考えられるが、『大日本史料』第六編を一覧すると、聖護院宮として現れるのは覚誉法親王（花園皇子）であり、康永元（一三四二）年・文和四（一三五五）年と二度にわたって長吏となった覚誉は、永徳二年五月に薨じた際も「聖護院二品親王覚誉」と記されていることからすると（『後愚昧記』永徳二・五・二九）、仁誉は聖護院に入室していても門跡の地位は相続できず、長く中途半端な立場に肯んじなければならなかったのであろう。その辺の不満が高じて次に述べるように南朝の方に接近したのではないかと考えられる[27]。

仁誉は、天授元（一三七五）年に南朝で行われた『五百番歌合』に作者として見えており、仁誉法親王三十首も行われたことが知られ、[28]さらに森氏は、南朝の歌集『新葉和歌集』に所載された仁誉の歌の詞書に「護持僧にくははりて後」と記されていることに注目され、仁誉が南朝天皇の護持僧の一人ではなかったかと指摘されている。

表9の9として挙げた乗朝法親王は、仁和寺の上乗院に入り、禅河院御室と称された法守法親王（後伏見皇子）の付法を受けたとされる（『仁和寺諸院家記』）。この乗朝と次の恒助は、立親王の時期がわかり、乗朝は、貞治六（一三六七）年八月二七日（『師守記』）、恒助は、永和二（一三七六）年九月四日である（『皇代略記』）。二人とも薨じた年齢が不明なのではっきりとはわからないが、父の恒明親王は、観応二（一三五一）年に薨じているので、最晩年の出生としても、共に二〇歳を超えての立親王と考えられ、やはり父が天皇や上皇の皇子である場合より遅れているようである。

この点は、例えば次に提示した表10のように、この時期、皇子を多数門跡寺院に送り込んだ後光厳の皇子たちの場合、大体入室年齢が一〇歳前後であり、その頃に親王号が宣下されていることからもわかる。

それにしても恒明の子息たちが親王号を受けていることは事実であり、孫王である彼らにそれが許されたのは何故であろうか。

一つには、乗朝が宣下された貞治六年の六月にその兄弟に当たる全仁親王が病により出家し（『師守記』六・一五）、七月一九日に四八歳で薨じてしまっていることが注目されよう。乗朝の法親王宣下は、そのひと月後にあたり、何らかの関係があったのではないかと考える。[29] この全仁の嫡子満仁は、この二年後の応安二年正月に元服するが、全仁が生前に満仁の親王宣下を申請していたものの、後光厳天皇の猶子とするところまでは許可されたが、親王号については、「孫王の立親王、近比禁制しおはんぬ」ということで許されなかったという（『後光厳天皇日記』応安三・八・三〇）。

表10　後光厳（一三三八～一三七四、位一三五二～一三七一）の皇子たち（法親王）

	皇子名（諱）	親王宣下	入室時期（年齢）	入室寺院名	薨年
1	亮仁	応安二（一三六九）・一二・以前	貞治二（一三六三）・一・三〇以前	妙法院（亮性法親王、後伏見皇子）	応安三・一〇・?（一六歳）
2	行助（煕平）	応安元（一三六八）・一二・一二	応安元・一二・一四（九歳）	円満院門跡（無主）	?
3	覚叡	?	応安六・一一・二四（一二歳）	梶井門跡（承胤法親王、後伏見皇子）	永和三（一三七七）・七・四（一七歳）
4	永助（煕永）	応安五（一三七二）・七・九	応安六・一二・二八（一一歳）	大聖院（仁和寺、法守親王、後伏見皇子）	永享九・二・一〇（七六歳）
5	堯仁	?	応安四・七・二（九歳）	妙法院（無主）	永享二（一四三〇）・四・二二
6	道円（久尊）	応安五・七・七	応安六・一二・二〇（一〇歳）	青蓮院門跡（尊道親王、後伏見院皇子）	至徳二（一三八五）・三・一四（二二歳）
7	覚増	?	応安六・一一・二四（一七歳）	聖護院門跡（覚誉法親王、花園院皇子）	明徳元（一三九〇）・一一・一九（一八歳）
8	寛守	至徳元（一三八四）・七・二八以前	?	上乗院（乗朝法親王、恒明親王子）	応永八（一四〇一）・?・?
9	明承	康暦元（一三七九）・五・一三	永和三・七・二〇入室（一一歳）	梶井門跡（覚叡親王、後光厳皇子）	応永三・四・二（三〇歳）
10	聖助	?	永徳元（一三八一）・九・六（?）	本覚院（尊道親王、後伏見院皇子）	?
11	尭性	?	永徳三・八・二七（一三歳）	妙法院（尭仁親王、後光厳皇子）	嘉慶二（一三八八）・一・二六（一八歳、自害）
12	道寛（道信）	永徳二（一三八二）・一一・一〇	永徳二・一一・一〇（一一歳）	大覚寺（寛尊親王、亀山皇子）	応永二二・一一・一八（三三歳）

しかし、恒明の子は全仁以下、亀山の孫の世代であり孫王にあたるのであるが、これまで述べてきたように皆遅速はあるものの親王となっており、これは恒明が当時の王家内部において独自の権威を保ち、単なる親王として遇されていた訳ではなかった可能性が高い。それが満仁の世代（亀山の曽孫）となって、さすがにその効き目が薄れつつあったが、それでも亀山子孫の親王を一程度認めるべきという意見が王家に内部には残存し、乗朝の親王宣下はその結果ではなかったかと思われる。

もう一点注目すべきことは、全仁の薨去に際して、「此の御事によって、武家五ヶ日物沙汰を止むとうんぬん」（『師守記』貞治六・七・一九）とあるように、幕府がその喪に服し、訴訟業務を五日間停止していることであり、幕府もこの全仁の存在を重視していたことがわかることである。時に幕府は二代将軍義詮の治世の最末期にあたり、この年の一二月二七日、義詮は幼い義満を管領の細川頼之に託して亡くなってしまう。

武家にとっても、恒明の子孫は一目置くべき存在であったと考えられよう。すでに観応の擾乱後、南朝に拉致されていた光厳らも京都に帰還しており[30]、幕府が擁立した後光厳天皇との間に次の皇位をめぐって微妙な対立が芽生えつつあった。前代、鎌倉幕府倒壊の要因の一つとなった皇位をめぐる皇統の対立が、今度は持明院統天皇家内部で再び現出されそうな状況下、京都に残っている大覚寺統の子孫たち[31]は、公武政権にとって一種のバランスシート的な役割を期待されていくようである。

永徳元（一三八一）年一二月、全仁の子満仁にそれまで申請しても却下されていた親王宣下が下される。それについて記すのが次の史料⑥である。

⑥「親王　宣下尊賢法親王・常盤井宮満仁親王、満仁王者、式部卿恒明親王亀山院宮子中務卿全仁親王、彼親王子息満仁也、可レ謂二大幸一、凡於親王　宣下無二左右一難レ被二勅許一之人也、世上荒説云、彼満仁親王愛妾号小少将密〃被レ遣二大樹一、被二諂諛一之故ニ武家挙申云〃、彼事媒介之人者、讃岐守業俊常盤井宮奉公之三位業家卿養子所為云〃、此説大略為二実事一歟、比興〃〃」

（『後愚昧記』永徳元・一二・二四）

『後愚昧記』の記主三条実継は、「世上荒説」として、満仁は、その愛妾を「大樹」つまり義満に献じ、「武家」の朝廷への「挙申」によって親王号を勅許されたという噂があったことを記しているが、事実かどうかは別として、基本的に幕府の政治的な方針と合致していなければ、王家の問題にいらぬ口出しはしなかったはずであるから、この満仁の親王任官については、義満の何らかの思惑が存在していたと考えるべきであろう。この日、同様に法親王とされた尊賢も全仁の子であり、後に鎌倉の鶴岡八幡宮の別当になっている。

この時期、孫王の親王宣下を規制していた後光厳は、すでに崩御しており、幕府も康暦の政変によって管領細川頼之が失脚の後、義満が政権のイニシアティブを掌握しようとしていた時期である。後述するように、いわゆる義満の「公家化」の問題もこの時期、すでに路線が敷かれつつあった。ここで跡付けてきた皇子たちの事績は、王家の単なる残滓にはとどまらず、新たな王権の構想に飲み込まれて意義を持つものになっていくようである。次章では、その点について、義満と朝廷の儀式との関りなどの点から少し考えてみよう。

第五章　足利義満と王家

第一節　足利義満の節会内弁参仕

室町殿と朝儀

義満が、朝廷の官位・官職において、祖父尊氏・父義詮が留まった正二位・権大納言をはるかに越え、従一位・太政大臣にまで昇ったのみならず、節会の内弁まで積極的に参仕したことは、義満が公家様の花押を使用したことなどとともに、その公家化の問題としてこれまでも盛んに論じられてきた(1)。

義満以後、足利家は摂関家に準じる家格となり、代々の室町殿は従一位で大臣にまで昇ることが定例となったが、義満の場合、当初どのような官職で朝廷にポジションを置くかについては、いくつかの選択肢があったと考えられる。

征夷大将軍となり幕府を主催した尊氏・義詮は、先例として武家政権の創始者である頼朝に倣い、権大納言まで昇った点は同じであるが、右大将は兼任しなかった。尊氏は建武政権期に参議・左兵衛督を経て権大納言まで昇り、北朝においても権大納言に就いたが、康永二（一三四三）年に辞するまで征夷大将軍以外の兼官はなかった。義詮は、観応元年に参議となり左中将を兼ねたが、その後長く参議・左中将のまま過ごし、父の死後征夷大将軍を襲い薨じるまでその官を保持したが、他は延文四（一三五九）年に公卿としては珍しい武蔵守を兼ねただけであった。貞治二（一三六三）年、中納言を経ずに父と同じ権大納言に昇り、従二位に叙されたが、同四年に辞した後は還任することなく、同六年、前権大納言のままで薨じている。

義満の場合も、貞治五（一三六六）年に叙爵した後、左馬頭を経て、参議・左中将となったのは、父祖の路線を受け継ぐ形でスタートしたようで、恐らく義詮から幼い義満を託された管領細川頼之の方針ではなかったかと考えられる。すでにこの段階においても、義満の子義持以後の室町殿の初叙が摂関家の子弟と同様に正五位下であるように、従五位下より上の位階で出身することも可能ではなかったかと思われるが、あえてそれを行なわなかったようである。

しかし、永和四（一三七八）年三月、参議・左中将から権大納言に昇ったところまでは既定の路線であったが、その年の八月に右大将を兼ねたことにより、それは大きく変更されることになる。小川剛生氏が指摘するように(2)、右大将拝賀に際しての故実作法の扶持を二条良基が担当することになり、その指導の下に義満は朝儀への関心を深め、右大将の地位を短期間で辞することなく、そこに留まり続ける道を選んだようである。

平安以来、節会や行幸などの朝儀において重要かつ華やかな作法を演じる近衛の大将は、摂関家や清華・大臣家などの上級貴族において重要な経歴として位置付けられ、競望の対象となっていた官職であり、任官しながら、公事を果たさず形式的にその職にとどまることは難しいポストであったと思われる。

二一歳の義満もその地位に就いた以上、いずれは朝儀に参仕し、前任者たちと同様に振舞わなければならないことを覚悟した（良基が覚悟させた？）であろう。

以後の義満の公家としての官歴は、その頂点に達するまで十分に計算されたものであったと評価できる。恐らくこれは、二条良基がデザインしたものであろうが、単に官位の昇進だけではなく、義満が公卿として朝儀の場に立つことを含めたそれとなっている点を見逃してはならない。それは、ただ儀式に参列するというのではなく、上卿として儀式を指揮すること、それも節会の内弁という大臣クラスの公卿が行う役を勤めることを含むものであり、朝儀の世界の中においても独自の地位を示そうというものであった。そのデザインには、王権の新たな主催者であることを廟堂の内外に明示することが目的として含まれていたようである。その意味で、二条良基の後見による義満の朝儀へのデビューは、慎重を期し、周到な準備の上になされた。

良基が正月の三節会(3)の内弁にターゲットを定めたのは、公家の「家」の出身でない、若く未経験な義満が何とか勤められ、かつ年始のもっとも華やかな場で主役を演じられるという効果も考えてのことであったろう。さらにそれまでのこの三節会の儀式としての状況を考えるならば、良基の思惑がそれだけに終わらなかったことは確かである。

次の表11は、義満が内弁を勤め始める以前の後円融朝において三節会の内弁を勤めた者を列挙し、かつその儀の外弁に参じた公卿の数を示したものである。

表から明らかなのは、後円融践祚後、当初は右大臣九条忠基が内弁に立ったが、その後は、大納言ど

表11　後円融朝の節会の内弁

	三節会の内弁（官職） 元日	＊1	白馬	＊1	踏歌	＊1	備考
応安四年	洞院実守（大）	5	**九条忠基（右大）**	9	**九条忠基（右大）**	8	
応安五年	平親顕（権中）	2	平親顕（権中）	2	平親顕（権中）	3	
応安六年	中院親光（権大）	1	中院親光（権大）	?	中院親光（権大）	3	一一・二〇　義満、任参議・左中将。
応安七年	平親顕（権中）	2	平親顕（権中）	2	平親顕（権中）	2	
応安八年（永和元年）	×　＊2		×　＊2		×　＊2		大嘗会／辰日・九条忠基（右大） 卯日・二条師良（左大） 午日・今出川実直（権大）
永和二年	葉室長顕（権大）	5	日野忠光（権大）	4、5	×　＊3		
永和三年	日野忠光（権大）	2	西園寺公永（権大）	5	×		
永和四年	徳大寺実時（権大）	4	久我具通（権大）	7、8	×		三・二四　義満、任権大納言、八・二七兼右大将。
康暦元年	久我具通（権大）	4	**二条師嗣（左大）**	12	×		
康暦二年	久我具通（権大）	3	久我具通（権大）	3	×		
永徳元年	花山院通定（権中）	4	**近衛兼嗣（右大）**	16	×		七・二三　義満、任内大臣、右大将如元。

注）＊1：外弁に参仕した公卿の数。
＊2：後光厳院崩御（応安七・一・二九）による諒闇のために停止。
＊3：後光厳院が正月に崩じたため、天皇の忌月となり、永和二年以降、踏歌節会は停止。
＊官職略号：左大＝左大臣、右大＝右大臣、大＝大納言、権大＝権大納言、権中＝権中納言。

ころか中納言クラスの公卿が勤めることもあり、当然のことながら外弁に参仕する公卿数もかんばしくなく、朝儀としてはなはだ低調と言わざるをえない状況であったことである。(4)

さらに後円融の父後光厳が応和七（一三七四）年正月二九日に崩じたため、正月は天皇にとって忌月となってしまい、永和二年に諒闇が明けた後も、毎年、踏歌節会が行われない上に、正月・白馬の節会も天皇の出御がなく、音楽や国栖なども行われない、華やかさに欠けた年中行事となっていた（『後愚昧記』康暦元・正・一）。

朝儀の不振は、皇統としての後光厳院流の不適格さを公に示し、次の皇位に向けて動き出している崇光院流を勢いづかせる材料ともなりかねない。良基としては、朝儀の活性化を義満の公事出仕によって一気に取り戻し、後光厳院流の権威アップを押し進めることを企図し、当然その後見としての自身（二条家）の地位強化も狙って、一石二鳥と考えていたのである。

その準備段階としてであろう、康暦元年正月七日の白馬節会には、久しぶりに左大臣である二条師嗣（二四歳）が内弁に立った。もちろん良基の息子である。良基は、義満にまず大臣が内弁を勤めるモデル的な儀式を見せておく必要があると考えたからであろう。どうもこの段階から、義満デビューの舞台は白馬節会と考えていたらしい。あいにく雨天であったが、当時の日記に「雨儀の節会見所すべからず、暫く晴を相待たるべきの由沙汰あり」と見え（『迎陽記』康暦元・正・七）、雨天で行われる雨儀の儀式では、きちんと作法が確認できないので、晴れるのをしばらく待とうということであろう、儀式の開始自体を遅らせることになり、結局節会が始まったのは八日の朝であった（『後愚昧記』）。

さらに天皇の忌月ではあったが、良基は先例を探し出し、天皇の出御を促したが、後円融自身「御斟酌の気」があり、今回は実現に至らなかった（『迎陽記』康暦元・正・二）。しかし、簾中で義満・良基とともに天皇も見物し、その日に参仕した公卿も権大納言洞院公定以下一一人に及んで久しぶりの盛儀となった。

次のステップは、一年おいて康暦三（永徳元）年の白馬節会である。[5] 近衛兼嗣（二二歳）が右大臣として初めて内弁を勤めるとともに、右大将の義満も儀式に参仕し、外弁上首として初めて所役を勤めた。摂関家嫡流の作法を間近に見ることができる機会であり、「此の間右大将陣座を起ちて御所に参る、内弁作法を見んがためなりとうんぬん、内弁の謝座の作法、右大将見物す、准后追従せらる」（『愚管記』康暦三・正・七）とあるように、自分の出番前に陣座に控えていた義満は、内弁の謝座の作法を見るために、「准后」良基に付き添われてその場に臨んだという。一六人の公卿が参仕し、三〇人弱の大納言以下の公卿のほぼ半数に上る盛儀となった。公家たちの中で鼻の利く者は、義満の歓心を買うことができる重要な機会であることを察知し、少々無理をしてでも駆け付けたのであろう。[6] 内弁兼嗣の父道嗣（前関白・左大臣）もその場を垣間見、義満の外弁としての作法を「頗る以って優美、天性の稟くるところか」[7] とほめて、よいしょを忘れていない。リハーサルはひとまず無事終了というところだったようである。

いまだ天皇の出御もなく踏歌節会も行われないという、冷然とした状況は変わらないが、それに近々変化が起きることを良基はすでに予測していたと思われる。つまり、後円融天皇の譲位の件がすでに日程に上りつつあったことを良基は耳にしていた、もしくは自身がその実現を画策していた可能性が高い。持明院統天皇家の家長であった光厳はすでに貞治三（一三六四）年に崩じており、その嫡子を自認する崇光が健在のこの時期、後光厳院亡き後のその一流の皇位継承は、いまだ流動的な状況下にあり、後円融とその近臣たちの間で事が急がれていたであろう[8]。

儲君の幹仁親王はまだ五歳であり、立太子も行われていなかった[9]。しかし、若き将軍の庇護下にあることをアピールしながら、新帝が立てば、崇光の側に強い牽制となろう。また、室町殿も後光厳院流の朝廷と合体観をできる限り演出することが必要というのが良基の計算であったと思われる。

義満の内弁参仕

永徳二年正月の元日節会は、義満が初めて内弁を勤めて催された。忌月ではあったが、今回は、後円融天皇は出御に及んだようである。恐らく天皇として最後の節会になることがわかっていたからであろう。続いて七日の白馬節会にも義満は内弁に立った。当日の儀式の記録は残念ながら残されていないようであるが、無事に終わったものと思われる。

次に提示した表12は、現存する史料から、義満が節会の内弁を勤め始めた永徳二年の前年から応永二年に至るその勤仕の状況を官職の推移と共に整理したものである。

義満の場合、参議任官後、中納言を経ずに権大納言に昇り、かつ右大将を兼ねたが、公卿が勤めるべき上卿については、内大臣に昇るまで、内弁のみならず規模の小さい公事の上卿を勤めた形跡もないことが一つの特徴としてあげられる。また表からも明らかなように、内大臣就任後も明徳四年に石清水八幡宮の放生会の上卿を勤めた以外は、除目・叙位などの執筆や永徳二年一二月に行われた後小松天皇の即位式などの重要な儀式のそれも勤めた形跡がない点も特徴となっている[10]。良基のプランは、正月の三

表12　義満の三節会内弁

	官職（大臣）	関係事項	節会の内弁 元	白	踏	他	回数
永徳元年	権大→内	七・二三　任内大臣（征夷大将軍・右大将）。	×	×	×	×	0
永徳二年	内→左	一・二六　任左大臣（征夷大将軍・右大将）。四・一一　後小松天皇践祚。一二・二八　後小松天皇即位式（内弁：近衛兼嗣）	○	○	×	○＊1	3
永徳三年	左	一・一四　源氏長者、一・一六　奨学院・淳和院等別当、三・一〇　辞右大将、六・二六　准三宮。	○	○	○	○＊2	4
至徳元年	左	一一・三　後円融院三席御会。	?	×	?	×	2 ?
至徳二年	左		?	?	?	×	3 ?
至徳三年	左		?	?	?	×	3 ?
嘉慶元年	左		○	○	○	○＊3	3
嘉慶二年	左→辞	五・二五　辞左大臣。六・一三　二条良基薨去。	○	○	○	×	3
康応元年	前左		×	×	×	×	0
明徳元年	前左	四・二一～四・二九　尊氏三十三回忌法華八講（相国寺）。	×	×	×	×	0
明徳二年	前左		×	×	×	×	0
明徳三年	左	八・二八　相国寺供養。一二・二六　左大臣還任。	×	×	×	×	0
明徳四年	左→辞	四・二六　後円融院崩御。八・一五　石清水放生会上卿、九・一七　辞左大臣	×	○	?	×	2 ?
応永元年	太	一二・二五　任太政大臣。	×	×	×	×	0
応永二年	太→辞	四・七～四・一一　義詮三十三回忌法華八講（相国寺）。六・？　辞太政大臣、六・二〇　出家。	×	○	×	×	1
内弁を勤めた回数の総計			7	8	7	3	25

＊1：永徳二・四・一一後円融天皇譲位儀の後の節会（『続史愚抄』）
＊2：永徳三・一一・一七大嘗会辰日節会（『大嘗会仮名記』応永二二・一一・二二）
＊3：後小松天皇御元服の後宴（『続史愚抄』嘉慶元・一・四）。

節会のみに焦点を当てたものであったのは確かであろう。良基の孫道忠は、その日記の中で、義満は節会の内弁を一九回勤め、儀式作法の習練に努めてその「奥義」を極められたと評しているが（『福照院関白記』応永一〇・一一・一五）、当時の人々にとって正月三節会の内弁を集中的に勤めたことが強く印象に残ったからであろう。

道忠のいう一九回というのは、表12からも確認できるように決して誇張ではない。史料が残っていない期間も含めて推測すると、永徳元年に内大臣に任じてから嘉慶二年に一旦左大臣を辞するまでの七年ほどの間で、最大二五回ほどに達するようであり、ほぼ正確な数字とみなしてよいであろう。

義満は、明徳三年末に左大臣に還任し[11]、翌年の八月一五日に石清水放生会の上卿を勤め、その翌月には辞している。この還任は、石清水放生会を勤めるためにあえて還任したと考えてもよいであろう。この上卿勤仕は、源氏長者としての室町将軍の儀礼として、後の室町殿にも継承された点が評価されているが[12]、義満の場合、永徳三年に源氏長者となってからすでに一〇年を経ているし、左大臣一上にいる者があえて勤めるような役ではないので唐突な印象をぬぐえない。翌応永元年に太政大臣に昇る前に、やり残したことはすませておこうという腹積もりなのであろうか、その目的についてはもう少し別な角度から検討する必要があるかもしれない。

常磐井宮満仁親王の節会参仕

話を再び永徳二年にもどすが、義満は、正月二六日に左大臣に昇り、四月には後円融天皇が譲位し、

表13　南北朝・室町期の俗体の親王たち

①　大覚寺統系

年月日	事項	典拠
観応二（一三五一）・九・六	**恒明親王薨**。	園太暦
文和四（一三五五）・四・二九	康仁親王（邦良子）薨	園太暦
延文二（一三五七）・九・九	邦世王（邦良子）親王宣下	園太暦
貞治四（一三六五）・四・一九	邦世親王薨	師守記
貞治六（一三六七）・七・一九	**全仁親王**（恒明子）薨。	後愚昧記
永和元（一三七五）・九・一七	邦省親王（後二条皇子）薨。	愚管記
永徳元（一三八一）・一二・二四	**満仁王**（全仁子）親王宣下。	後愚昧記
応永二（一三九五）・六・？	**満仁親王**出家。	荒暦
応永三三（一四二六）・一〇・八	**満仁親王薨**。	薩戒記
享徳四（一四五五）・一・？	邦康王（世平子）親王宣下。	康富記
寛正二（一四六一）・四・一三	**全明王**（直明王子）親王宣下。	続史愚抄
永正六（一五〇九）・一・八	**全明親王**出家。	尊卑分脈
永正九（一五一二）・一一・二七	**恒直王**（全明子）親王宣下。	皇親系
大永元（一五二一）・一二・七	**全明親王薨**。	拾芥記
天文二一（一五五二）・八・？	**恒直親王薨**。	続史愚抄

注：人名がゴチック・太字は、常盤井宮家の人々。

②　持明院統系

貞和四（一三四八）・一・八	煕明親王（久良子）薨。	園太暦目録
貞治七（一三六八）・一・二一	**栄仁王**（崇光皇子）親王宣下。	愚管記

応永五（一三九八）・五・一四	直仁親王（花園皇子）薨。	大乗院日記目録
応永五（一三九八）・五・二六	**栄仁親王**出家。	伏見宮御記録
応永一五（一四〇八）・三・八	▲入道義仁王（光厳皇子）、親王宣下。	東山御文庫記録
応永二〇（一四〇八）・一・二四	▲義仁親王（光厳皇子）薨。	後常瑜伽院御室御日記抄録
応永二三（一四一六）・一一・二〇	**栄仁親王**薨。	看聞日記
応永三二（一四二五）・四・一六	**貞成王**（栄仁）親王宣下。	看聞日記
応永三二（一四二五）・七・五	**貞成親王**出家。	看聞日記
文安二（一四四五）・六・二七	**貞常王**（貞成子）親王宣下	師郷記
文安四（一四四七）・一一・一五	**貞成親王**、太上天皇尊号宣下。	建内記
康正二（一四五六）・八・二六	後崇光院（貞成）崩。	師郷記
長禄元（一四五七）・一二・一九	成仁王（後花園皇子）親王宣下	大乗院日記目録
文明六（一四七四）・七・三	**貞常親王**薨。	親長卿記
文明六（一四七四）・七・九	**邦高王**（貞常子）親王宣下。	大乗院寺社雑事記
永正元（一五〇四）・二・三〇	**貞敦王**（邦高子）親王宣下。	実隆公記
享禄五（一五三二）・三・一九	**邦高親王**薨。	二水記
天文元（一五三二）・七・二九	**邦輔王**（貞敦子）親王宣下。	言継卿記
永禄六（一五六三）・三・二六	**邦輔親王**薨。	言継卿記
永禄六（一五六三）・一二・二一	**貞康王**（邦輔子）親王宣下。	伏見宮系譜
永禄一一（一五六八）・四・一五	**貞康親王**薨。	言継卿記
元亀三（一五七二）・七・二五	**貞敦親王**薨	御湯殿上日記

注　人名が太字は、伏見宮家の人々。

六歳の幹仁親王が皇位に即いた（後小松天皇）。そしてその翌年、左大臣義満が内弁を勤める正月一六日の踏歌節会に「常盤井親王」満仁が参仕を求められ、その日、弾正尹に任じられた[13]。親王が踏歌節会に参仕するということを知った『後愚昧記』の記主三条実継は、近衛道嗣と交わした書状の中で、それはまさに「邂逅之儀」であり、「厳重之儀」を期するものであるという認識を示している[14]。

前頁の表13に示したように、この時期、俗体の親王は、この常盤井宮家の満仁親王以外に、持明院統の崇光の皇子栄仁親王がいた。

栄仁は、貞治六（一三六七）年一二月に一七歳で著袴の儀が行われ、翌年正月、親王宣下がなされた[15]。これは貞治六年一一月二五日、病を得た将軍義詮が、政務を子息の義満（一〇歳）に譲り、細川頼之を管領として補佐させたこと（『愚管記』）と無関係ではないであろう。すでに一五年にわたって後光厳の治世を支えてきた義詮亡き後（一二月二七日死去）、流動化するであろう政情を見越して、自身の子孫に皇位を譲るようにという崇光の意志表明であったと考えられる[16]。すでに崇光・後光厳の父光厳は、貞治三年に崩じてすでにこの世になく、両帝を調停できる者は誰もいなかった。

結局のところ、政務を預かる管領細川頼之は、義詮より指示を受けていたのであろう、後光厳の皇子緒仁親王を、立太子をしないまま践祚させ（後円融天皇）、崇光の意志は退けられた。その後も崇光は幕府へ働きかけていたが、上記のように、後円融の後はその皇子幹仁が継いだ。このような状況下では、栄仁を招いても参内するはずはなく[17]、かつ義満の好意で孫王ですらない身で親王宣下を受けられた満仁は、断るすべもなく節会の親王の座に納まったのである。

後述するように、義満の周辺には満仁以外にも常盤井宮の人々を見出すことができ、出家後の義満が「亀山法皇御跡」を意識していたことからすると（『寺門事条々聞書一』応永六・九・一五）、この節会に満仁を親王として参じさせたことにも積極的な意義を読み取ることができるかもしれない。

義満の節会内弁の実態

さて、義満による正月の三節会における内弁勤仕を中心とする朝儀パフォーマンスは、応永元（一三九四）年末に太政大臣に昇り、翌年の正月七日にその拝賀を行った後、そのまま白馬節会の内弁を勤めることで終わりを迎える。『荒暦』によれば、当日室町邸より内裏に向かう義満の行列は、前駈の殿上人だけで五八人に達し、記主の一条経嗣をして「先代未聞」と言わせ、義満の車の後には現任公卿全員の三一人が車を並べて付き従った。その先頭は、左大臣の経嗣自身である。

朝儀においては、左大臣が一上であり、平安後期以来、外戚を遇する地位となっていた太政大臣が内弁や上卿を勤めることはほとんどないが、先例がない訳ではない[18]。実際、一〇年ほど前の至徳元（一三八四）年正月に行われた白馬節会は、摂政太政大臣の二条良基が勤めており（『続史愚抄』）、義満が太政大臣に昇ってまで節会の内弁を勤めたのも、良基のプランを受け継いだものではないかと考えられる。

この日義満は、節会の途中で内弁を内大臣の花山院通定に譲って退出した。正確に言うと節会開始以前に退出してしまったと言ってよいかもしれない。この七日の節会は、まず五日に行われた叙位儀において昇叙された者たちの下名《おりな》を確認し、位記を授ける儀式（叙位）が行われ、その後、天皇が「青馬」

を覧ずる儀と宴が催され、国栖奏などの楽舞が行われるのであるが、義満は宣命使が「宣制」を行い（天皇の言葉を読み上げ）、列席者がそれを拝したところで、本来ならば復座すべきところをそのまま退出してしまったのである。この時は、参列していた公卿のほとんどが義満について退出してしまいそうだったので、内弁以外にも少し留まるように指示しなければならなかった。公卿たちも若い天皇よりも義満の顔色をうかがう方が大事だったのである。

ところで、義満は現任の公卿として内弁をたびたび勤めたことになっているが、どうも常にその役を最後まで全うしていた訳ではなかったようである。次の表14は、義満が内弁を勤めた記事（表12）の中から、内弁を途中で次席の公卿（主に大納言）に譲って退出している記事を抽出して整理したものである。義満の内弁勤仕が具体的に示される記事は多くないが、そのほとんどにわたってこのような状況であったようであり、史料が残されていない時期のそれについても同様であった可能性が高い（表12に示した嘉慶元年正月の後小松天皇御元服の後宴の時も儀式の途中で「早出」しているようである）。

表14の4の永徳三年の記事では、「内弁白馬奏を奏するの後、早出」とあるように、前述の場面よりもう少し後までいたことが窺われるが、これは、この白馬節会の開始を告げる儀式である「白馬奏」を奏することが近衛大将が勤めるべき重要な役の一つであり、この時右大将を兼ねていた義満としてはここまでは勤める必要があったと判断したからであろう。しかし、すでに右大将を辞していた至徳四年の際には、先の永徳二年の儀と同じ、「白馬奏」の前で内弁を権大納言今出川実直に譲って退出している。正月の節会も同様で、同じく永徳三年の記事（表14の3）に見えるように「一献の後退出」とあり、正

月の節会の場合、紫宸殿に天皇が出御し、公卿たちが南庭に参列した後、昇殿して御膳（食事）が供され、勧盃となり、三献まで行われた後に、音楽や宣命使の「宣制」があるのだが、義満は宴の途中で退席している。その理由は不明であるが、やはり良基の入れ知恵で、武家出身の義満がもっとも華やかに演じられ、かつぼろが出にくいように、限定的な参仕にとどめていたものと推測される。平安以来、老齢の大臣などが内弁を途中で譲って退出することはしばしばあることであるが、譲られる側も準備が必要であり、突然そうなるよりは、定例にしておいた方が代役にも立ちやすいとも考えられる。すでにこの時期、義満の代わりというなら文句も言わず上級公卿たちが引き受ける状況が作られていたのであろう。それも良基は計算済みであった。

表14　義満の内弁勤仕

1	永徳二・一・一	内弁内大臣〔義満〕早出、洞院大納言〔公定〕続之、	続史愚抄
2	永徳二・一・七	内弁内大臣〔義満〕早出、洞院大納言〔公定〕続之、	続史愚抄
3	永徳三・一・一	左大臣為内弁、一献之後退出、	愚管記
4	永徳三・一・七	内弁**奏白馬奏之後**早出、今出川大納言相代行事云々、	愚管記
5	永徳三・一・一六	内弁左大臣早出、内大臣相代行事云々、	愚管記
6	至徳四・一・七	**宣命之後**、**内弁不堂上**、**自軒廊被退出**、今出川大納言〔実直〕続之、	公豊公記
7	嘉慶二・一・七	室町殿御早出、内府又同之、今出河大納言続内弁、	兼宣公記
8	嘉慶二・一・一六	一献之後、室町殿御退出、内府先之退出、久我右大将続内弁、	兼宣公記

第二節　相国寺創建 ―義満と法親王―

室町殿と法華八講

義満が永徳二（一三八二）年に創建した相国寺は、後に五山第二位の有力な禅寺として定着したが、義満創建当初は、禅宗のみならず顕密仏教をも統合した義満による新たな仏教体制の中核的な仏教施設として構想されたことが先学によって明らかにされている。[19] それらの論稿では、すでにそこで行われる法会において中心的な役割を担う法親王が注目されている。ここではこれまで論じてきた一二世紀以来の王家の視点から、相国寺を中心に展開された義満と顕密法会の問題を考えてみよう。

室町幕府において、重要視された顕密の法会の一つとして法華八講があったことはすでに早くから指摘されていたが、特に足利家の追善仏事としての八講を室町期全般を通じて検討された大田壮一郎氏の研究[20]は近年のもっとも重要な成果であろう。以下、氏の研究に導かれながら検討していこう。

父祖の追善のために催された法華八講は、早く直義によって父貞氏の追善のために暦応二（一三三九）年九月、足利家の京都における菩提寺の機能をはたしたとされる等持寺（院）にて行われ、尊氏・義詮・義満と継承された。特に明徳元（一三九〇）年四月の義満の祖父尊氏三十三回忌の法華八講（以下明徳度と略称）と、父義詮の三十三回忌を繰り上げて行われた応永二（一三九五）年四月の八講（以下応永度）は、ともに義満によって創建された相国寺に場所を移し、御斎会に準じられて朝廷を巻き込んだ形で挙行された。義満によって挙行されたこの二つの八講は、それまでの武家八講とは異なったレベルのものであったといい、大変な盛儀であっただけではなく、義満が構想する新たな国家的仏教体制を社会的提示する機会であったと考えられている。以下、この二つの八講について本書のテーマである王家の側面から考えてみよう。

八講五巻日の捧物をめぐって

法華八講は、法華経八巻を毎日朝夕二座講説・賛嘆し、四日ないし五日間で修し終える法会であるが、特に提婆達多品を含む第五巻が講ぜられる日は、五巻日とよばれ、結願の日と並び重視され、経典の講説に加えて華やかな仏教儀礼が伴っていた。その五巻日のクライマックスともいうべきものが、楽所の楽人・舞人の楽舞の先導で、主催者以下の僧俗が、献じられた捧物を持って練り歩く大行道とよばれるパフォーマンスである。

明徳度について法会全体を仮名で記録した『和久良半の御法』（群書類従）においても、特に多くの紙面を割いてこの五巻日の大行道のことが記されている。そして捧物については、その数の多寡が、法会が盛儀であったかどうかをはかるバロメーターだっただけではなく、どれくらい高貴な人々がそれらを献じたかも重要なポイントとみなされていた感がある(21)。

当然、大行道に参加する捧物の順番は適当に決まるものではなく、その捧物を献じた者の社会的な地位の上下が厳密に計られ、その高位の順に並ぶことになった。そのため、この順番は、極めて政治性を帯びたものとならざるをえなかったはずである。ここではそこに着目して、明徳度と応永度の捧物献上者について、日常的に極めて厳密に序列化されている公家たちの上にあって、その序列が意外に不明確な皇族たちについて検討し、当該期の王家の皇子たちを理解する手がかりとしてみよう。

まず行道の概要であるが、両度ともに御斎会に準じた法会として国家行事に位置づけられているので、先頭は当然天皇の捧物となり、続いて院・女院・后宮、そして僧俗の皇族たち、その後に、摂関以下の公卿や僧綱らの捧物が連なることになる。

表15は、二つの法会の行列の先頭部、つまり天皇以下后宮や皇族たちの部分を抽出して、その行列に並んでいる順に列挙したものである。(22)

この表に明らかなように、天皇・院・女院（后宮）の捧物の次に主催者の義満が続き（義満は自ら捧物持して行列に参加している）、その後に、つまり公卿の前に大勢の皇子女たちの捧物が並ぶ。これらの捧物は本人が持して並んでいる訳ではないが、現存する八講の記録には、行列の順に、捧物の献上者とその内容、そしてそれを献上者の代わりに持って練り歩く殿上人や僧侶たちの名が記されたリストが付されることが多い。どのような人々がどのようなものをどのような順に練り歩くのかという点に強い関心が持たれていたことが知られよう。この記録は、先例として後代の同様の法会などの参考に資するばかりでなく、当時の主催者の政治的な意志を読み取れる素材として受け取られるものとして、厳密な記録が作成されたと理解できよう。

表15に見えるように、ここで対象となる捧物献上者の数は、明徳度二五人、応永度二二人である。そ

表15　相国寺法華八講の捧物

	明徳元（一三九〇）年（尊氏三十三回忌） 捧物献上者（史料表記）	献上者実名	父	応永二（一三九五）年（義詮三十三回忌） 捧物献上者（史料表記）	献上者実名	父
1	公家	後小松天皇	後円融院	内裏	後小松天皇	後円融院
2	院	崇光院	光厳院	伏見殿	崇光院	光厳院
3	新院	後円融院	後光厳院	大覚寺殿	後亀山院	後村上院
4	女院	崇賢門院	広橋兼綱養女	崇賢門院	紀仲子	広橋兼綱養女
5	主人	**足利義満**（准后）	足利義詮	准后　＊注3	藤原厳子	三条公忠
6	萩原殿	入道直仁親王	花園院	**御分**	**足利義満**（准后）	足利義詮
7	御室	法守法親王	後伏見院	常住院准后	良瑜	二条兼基
8	十楽院宮	入道尊道親王	後伏見院	十楽院宮	入道尊道親王	後伏見院
9	**大金剛院宮**	**深守法親王**	邦良親王	伏見殿	栄仁親王	崇光院
10	伏見殿〔親王〕	栄仁親王	崇光院	聖護院殿	道基	二条良基
11	仁和寺宮	入道空助親王	後光厳院	**上乗院宮**	**乗朝法親王**	恒明親王
12	青蓮院宮	？	？	妙法院宮	尭仁法親王	後光厳院
13	聖護院宮	覚増法親王	後光厳院	上乗院新宮	寛守法親王	後光厳院
14	妙法院宮	尭仁法親王	後光厳院	安井宮	寛教法親王？	後光厳院
15	上乗院新宮	寛守法親王	後光厳院	**前弾正親王**	**満仁親王**	全仁親王
16	梶井宮	明承法親王	後光厳院	入江殿内親王御方	見子内親王	後光厳院
17	大覚寺宮	寛教法親王	後光厳院	相応院宮	弘助（法親王）？	崇光院
18	弾正親王	満仁親王	全仁親王	円満院宮	行悟？	長慶院
19	二条内親王	治子内親王	後光厳院	小川殿	紀良子	紀通清
20	入江殿	見子内親王	後光厳院	裏松殿	藤原業子	日野時光
21	**相応院宮**	**恒助法親王**	恒明親王	三位殿	藤原俊子？	武者小路資俊
22	**安井宮**	**寛法？**	康仁親王	民部卿典侍　＊注4	藤原春子	高倉範資
23	**東南院宮**	**観海**	義仁親王			
24	**勧修寺宮**	**尊興**	満仁親王			
25	**柳原宮**	**邦満**	寿龍（土御門宮）			

注1　献上者名は、史料に列記されている順に並べた。
注2　〔〕内は史料に付記された傍注。
注3　捧物の内容を記した割注に「禁裏御母儀、厳子、今日有此宣下」と見える。
注4　「三位殿」の割注に見えるが、別人であろう。

のうち皇子女は、明徳度二〇人、応永度一〇人となり、割合的には前者が八〇パーセント、後者が四八パーセントとかなり減少しており、その分、応永度には皇子女以外の者が増えたことを示している。一見してわかるように、明徳度については崇賢門院と義満以外すべて皇族であった。

前述のように、明徳度以前にも武家が主催の法華八講は行われているが、捧物の数や内容までわかる記録は乏しく実態は不明であるものの、これほど多数の皇族が捧物を献じた法会はなかったようである[23]。しかしそのような状況は朝廷が主催する法会でも同様であった。参考として、応安三（一三七〇）年七月に内裏で行われた光厳院七回忌のための法華八講について見てみよう[24]。

後光厳天皇の主催で行われた八講であるが、公卿は、関白以下一二人ほどの参加が見られるものの、五巻日の捧物は、天皇・院（崇光）の後は公卿のそれが続くばかりで[25]、皇子女ら皇族は確認されない。捧物の内容についても、その準備に際して諮問を受けた内大臣勧修寺経顕が「時に猶人の煩いを省かれんがため其の沙汰無し、諸人窮困の時分、略さるるの条時宜に叶うべきか」という意見を述べているように、時勢をかんがみて簡素な儀にすべきという意見が大勢を占めており（『応安三年禁中御八講記』五・二六）、それが反映してであろう、当日の捧物についても「金銀においては一切停止の由諸卿に相触る」と華美を禁じられ（同前六・一）、捧物の献上者自体も数的にしぼられたようである。

捧物献上者に見える女院と皇子たち

この義満の明徳度の場合、当時の公家の八講ではなく、前代の盛儀をモデルにしようと考えたようで

表16　文永七（一二七〇）年後嵯峨院宸筆御八講の五巻日捧物

	院・女院・后		父親
1	公家	亀山天皇	後嵯峨院
2	新院	後深草院	後嵯峨院
3	**安嘉門院**	邦子内親王	後高倉院
4	安喜門院	藤原有子	三条公房
5	鷹司院	藤原長子	近衛家実
6	**正親町院**	覚子内親王	土御門院
7	**室町院**	暉子内親王	後堀河院
8	大宮院	藤原姞子	西園寺実氏
9	**永安門院**	穠子内親王	順徳院
10	**神仙門院**	体子内親王	後堀河院
11	東二条院	藤原公子	西園寺実氏
12	**和徳門院**	義子内親王	仲恭
13	今出川院	藤原嬉子	西園寺公相
14	皇后宮	藤原佶子	洞院実雄
15	**新院姫宮**	**貴子内親王**	後深草院
16	常盤井准后	藤原貞子	四条隆衡
17	准后	平棟子	平棟基
18	院姫宮	悦子内親王？	後嵯峨院
19	**中務卿宮**	**宗尊親王**	後嵯峨院
20	**円満院宮**	**円助法親王**	後嵯峨院
21	**聖護院宮**	**覚助法親王**	後嵯峨院
22	**梶井宮**	**最助法親王**	後嵯峨院
23	**青蓮院宮**	**慈助法親王**	後嵯峨院
24	**円満院新宮**	**浄助法親王**	後嵯峨院
25	大納言二位	藤原成子	西園寺公経

注　太字は皇子女を示す。

ある。前述の『和久良半の御法』には、五巻日の行道が朝座に行われることは「文永の例」に拠ったと記されているが、部分的な次第ばかりでなく、この明徳度の八講全体が、当時詳しい記録が残されていた文永七（一二七〇）年の後嵯峨院による父土御門院四十回忌の宸筆御八講[26]を先例とした可能性が高いと思われる。

その文永度の五巻日における捧物は、表16に整理したように、亀山天皇や新院（後深草院）の後に、当時数多く存在していた女院たち（その中に六人の皇女が含まれる）がずらっと並び、次に幼い皇女や三后に准じる准后が並び続いて宗尊親王以下の六人の僧俗の親王たち、最後に後嵯峨の寵姫で、慈助法親王や悦子内親王（後の延政門院）の母である大納言二位局（西園寺公経の娘）が加えられた。公卿らの列はその後に続く。ここで対象となる者たちだけでも二五人という、まさに盛儀と言ってよい内容であった。

この文永度の場合、女院については、当時生存するほぼすべての女院が並んでおり[27]、皇子女についても、当時現存する親王号を持った皇子女はほぼすべて見えていると言って過言ではない。ただし、順徳子孫の忠成王や彦仁王など、文永七年当時において親王号を持たない皇子たちは請じられていない点は注意しておくべきであろう。皇子女については、親王号を持っているかどうかで区別したようである。

土御門の四〇年忌の供養のための八講であるから、その子孫を中心に捧物が献じられているのは当然のことと思われるが、女院について見れば、土御門子孫に限られている訳ではないことに気づく。むしろ皇子女の場合と異なり、土御門子孫というべき女院は、その皇女正親町院だけであり、後は後高倉子孫（安嘉門院・室町院・神仙門院）や順徳子孫（永安門院・和徳門院）で他の皇統出身の女院の方が多いのである。この八講は王家をあげての国家的イベントであったと評価してよいのではないだろうか。

准后の位置づけ

義満が、この文永度の法華八講の記録を紹介された時、もっとも着目したのは、恐らく大行道の捧物献上者の列における准后（准三宮・准三后）の位置ではなかったであろうか[28]。つまりこの華やかな儀式の中で自分はどこに並ぶのかを考えた時、文永度では、天皇・上皇・女院・三后と続き、その後に義満自身がこの時点でついている准后が並んでいる。男性としては人臣のトップとなり、皇族である親王たちもその後に続くわけで、義満はこれはしめしめと思ったであろう。ただし、この人臣が成り得る准后という地位が、身分的にどの位置に置かれるかは自明なものではなく、疑義が出される場合があったようである。

この准后を親王の上に置くべきか下に置くべきかについて、後代の史料であるが、この明徳度の八講に際しても議論があったことが知られる。

①「新大納言教秀番衆・広橋大納言綱光・予番衆等、於二番衆所一談云、明日御会内々御月次十八日延引、明日可被取重云々、室町殿准三宮、自今月、可有御詠進云々伏見殿親王御懐紙前後可レ為二如何一哉云々、於二准后一者、可レ為二親王上一、其故者、**宇治殿准后之時、可レ列二親王之上一之由被二宣下一、以二其例一、鹿苑院殿准三后之時、有二件宣下一、其上近例宸筆御八講捧物之時、被レ経二御沙汰一**被仰合前閤兼良、於三宮者可為親王上、但当時伏見殿御事、為各別御事之間、於自身之捧物者、可斟酌云々、於室町殿者同為上云々、仍室町殿、次伏見殿式部卿親王、如此云々、仍招二右兵衛督雅康卿一談二此旨一、可二奏聞一云々…」（『親長卿記』文明五・七・二七）

後土御門天皇の内裏で行われる和歌御会における懐紙の取り扱いをめぐって、准后（足利義政）と親王（伏見宮貞常親王）のどちらを上にするかが問題となり、勧修寺教秀・広橋綱光、そしてこの日記の記主の甘露寺親長との間で話し合われ、すでに義満が准三后の時、宸筆御八講の捧物の際に、宇治殿（藤原頼通）[29]の先例によって、准后が上で次が親王とされていることが確認された。これは、和歌関係の場合（例えば至徳元年に勅撰集の『新後拾遺集』が完成している）なのか宸筆御八講の捧物の際なのかどうかははっきりしないが、後者の可能性は高いと考えられる。ただし、史料①によれば、当時の有識の第一人者一条兼良に相談したところ、確かに三宮（三后）は親王より上であるが、現在の伏見殿（伏見宮家）は特別な存在であるので、たとえ准后であっても実際の場での捧物は遠慮すべきであるという意見が出され、それを付して、歌会の担当者である飛鳥井雅康に天皇に奏上するように指示されたというのである。

ここでは以下の二点を確認しておきたい。

一点は、御八講の捧物の行列が、当時において身分的序列の確認の場であったと考えられることである。天皇（公家）に始まり、院（上皇）・女院・三后と列なり、その後に関白以下の公卿・殿上人が続く序列において、いわゆる院宮と公卿との間に、准后と親王（法親王）が入る訳であるが、この准后と親王の上下関係は当初から明確ではなかったようである。

特に九世紀以来置かれてきた准后の地位は、摂関などの貴族以外に皇族や後宮の女性、僧侶など様々な人々に与えられており(30)、時々の政治状況でその地位に変化が伴うものであったようである。史料①に見えるように、臣下といっても頼通や義満のような最高権力者が准后である場合と、三宝院満済のように法親王でもない門跡では、その扱いは微妙に変わるであろう。実際、史料①に見える伏見宮貞常親王のように、後花園天皇の同母弟であり、崇光院流の嫡流として世襲宮家を形成していく親王の場合、それまで有無を言わさず上位にあった室町殿（足利義政）の地位に揺らぎを生じさせることもあるのである。

逆にこの准后という地位がそのような曖昧さを伴なうものであるからこそ、権力を持つ者、また権力を持つ者が厚遇したい者に対して、便利な制度として長く利用されてきたのであろう。本書で見てきたように、親王やその子孫の宮たちも時代の変化の中で、その地位に変化を生じていた。一旦「宇治殿」

の先例で、准后が親王より上とされながらも、時代の変化のなかで、改めて確認する必要があったのである。

義満以前においては、「摂録《しょうろく》の臣、或は又帝外祖父等」への宣下の先例はあったが、現任の左大臣になされるのは初めてのことであった（『後愚昧記』永徳三・六・二六）。しかし、当時の貴族たちは、「当時の武家の事、先規・傍例等沙汰に及ばざるの上は、左右能はず、言う莫れ言う莫れ」という認識であり、武家に対しては従来の先例を適用することをすでに諦めていた。いずれ太政大臣となって准后へという道は想定されていたであろうが、八講などの場における位置を考え、公家の先例を無視して早めに准后宣下を実行させたのは、安田氏が指摘されるように二条良基であったと考えられる。ただし安田氏は、「義満が准后となることは、足利氏が摂関家と同等の待遇を獲得する契機となった」とされるが、良基・義満の構想は、この捧物の儀に見える院・女院（后宮）・親王のグループに入ることであり、同等ではなく摂関家の上をめざしていたことは明らかであろう。

義満がこの宸筆法華八講の五巻日を義満自身の権力者としての位置をポジショニングするための場として設定し、それにあった儀礼に仕立て上げたと考えるならば、特に文永例を選択したことの理由として、僧俗両方の親王たちが、准后の後に列を連ねている点に着目したのではないかと考えられることを強調しておきたい。

義満が、王家のこの手の大規模な法会に、公卿として参仕したのは、本章注5に触れた康暦二年正月の後光厳院七回忌の法華懺法であったと考えられる。この法会は、二条良基によってプロデュースされたものであったが、この頃から、義満も自分の政権構想に合致する法会の企画を準備し始めていたのではないだろうか。そして彼が狙いを定めたのが、すでに前代から行われていた武家における法華八講を公武両方における、より高次の宗教的な場として企画することではなかったであろうか。義満がこの法華八講についていてどれ程の先例を収集し検討したかは不明であるが、盛儀として記録が残されたそれらの先例の中にはいくつかの選択肢があったと考えられる。

『和久良半の御法』において、「よろづ長元の例にまかせ」とあるように、長元二年閏二月に、藤原頼通が亡くなった父道長のために催した法華八講（『日本紀略』長元二・閏二・一三）が先例として用いられたことが示されている。この典拠になった記録は、今日現存しないが、この儀に列席していた源師房（当時権中納言）の記録である「長元二年閏二月十三日宇治殿御八講記」が、師房の子俊房に相伝され、それを俊房の子師時が書写して関白忠実に献上しており（『長秋記』元永二・八・二四）、それがこの当時においても摂関家に伝来していた可能性が高い。ただし、この時期の八講においては、行道が行われていることは確認されるが、参加者の捧物についての詳しい記事を載せた記録はほとんどないようである。また第三章に見たように、いまだ俗体の親王が少なからずいた時代であるが、その参加状況もあまり触れられない。例えば、安元三年七月に建春門院の一周忌のために催された宸筆法華八講の場合、五巻日の捧物献上者は、院・女院・三后の後に准后、次に公卿が続き、僧俗共に親王の捧物は見られないようである（『玉葉』安元三・七・七）。そのような中で、前述の文永度の記録が義満の目に留まり、彼の構想の素材の一つとなったと考えられる。

法親王と宮家

第二に、史料①で一条兼良が「当時伏見殿の御事、各別の御事たり」という意見を述べ、伏見宮家は特別な存在であると言っているように、親王といっても格差が存在することが示唆されており興味深い。この点については、次のグループである親王についての説明に関連してもう少し詳しく見ていこう。

再び表15の明徳度の部分を見ていただきたい。6～25が皇族のグループであり、さらに言うと6～21が親王号を持つ皇族で、22～25は王号のみという人々になる。[31]

基本的に天皇家において世代の古い皇子から並んでいるようであるが、花園の皇子の直仁が花園の兄後伏見の皇子たちより前に置かれたのは、前皇太子であったからであり、さらに事実上の持明院統の嫡流と見なされていたからと考えられる。[32] しかし、その次の後伏見皇子で御室の法守、同じく尊道の後に並ぶ深守は、大覚寺統後二条子孫の邦良親王の子であり、身分的には孫王でありながら、崇光の皇子栄仁より上におかれていることには違和感を感じざるをえない。

そこで深守について調べてみると、彼は康安二（一三六二）年九月、「武家執奏」によって親王宣下を受けており、[33] 室町殿に近侍してその功を評価されていた人物であったことが知られる。その前に位置付けられた尊道（十楽院、延暦寺の門跡）も応永期に義満の信任厚く北山第大法の導師を勤めた人物であり、室町殿への功労者が優先されているという見方も可能である。

また、持明院統嫡流を自認する崇光の皇子栄仁親王が木寺宮の深守の後にされたものの、次代の御室となる空助以下の後光厳の皇子たちより前に置かれたのは、難しい政治的な判断がなされた結果ではないだろうか。

それにしても内親王も含め八人に及ぶ後光厳の皇子たちの列（ほぼ『紹運録』の順と同じであり、恐らく年齢順に並んでいるのであろう）は圧巻というべきであろう。[34] 日記や楽器、和歌の文書といった持明院統嫡流の「家」の伝統を継承できていない後光厳にとっては、皇子たちを手駒として王家の門跡寺院を掌握することが、その存在感を公武社会に示すことができる一つの戦略としてとらえられていたに違いない。しかし、皇子の数がただ多ければいいという訳ではない。有力門跡寺院に入れ込むためには、すでに前代にそれを実現していた亀山子孫の恒明（常磐井宮）らとの提携が必要であったと考えられる。しかし、明徳度に六人ほどいた後光厳皇子の法親王は、応永度には三人に減じている。[35] これは何故であろうか。

明徳度の御室で後伏見皇子の法守は、明徳二年九月に薨じ、本来ならば、その資である仁和寺宮永助（後光厳皇子、空助から改名）が応永度に御室として並ぶはずであるが見えていない。ただし彼は、応永度の記録では、梶井宮とともに「被置捧物」（捧物を献じたが捧物の列には加わっていない人々）のリストの中に、公卿・殿上人の後の「僧中」として「御室　銀三鈷、松の打枝に付く」として「青蓮院殿」や「梶井宮」と並んで見えている。

理由は記されていないが、文永度の『宸筆御八講記』に「此外性助法親王仁和寺宮捧物（割注略）を進めらるるといえども、御室の輩として、諸僧の下に列さず、留まり申さる」という記事があり、御室の性助法親王（後嵯峨皇子）が捧物を進めながら、それを持って列に加わるべき僧たちが、他の僧たち（この場合、上位にいる円満院宮の捧物を持つ僧）の後に並ぶのは納得がいかないと列に加わらなかったことが記されていることが参考になろう。推測ではあるが、この応永度に際しても、御室の僧たちが、十楽院の僧や法親王でもない常住院准后（良瑜）の僧たちの後に列することを肯んじなかった、もしくはそれが定例化されていたためではないだろうか。

応永度に山門の有力門跡である「青蓮院殿」がやはり列に加わらなかったことについても、次のような事情を想定できよう。この当時の青蓮院門跡は、前述の尊道であるが、彼の捧物は「十楽院宮」として列に見え、「青蓮院宮」という名称は使われていない。恐らく「青蓮院」は、すでに入室している義満の子尊満（一五歳）が想定されており、その名をそちらに譲っていたと考えられる。しかし、「青蓮院殿」が「被置捧物」の方に入っているのは、いまだ受戒していないため（この八講直後の四月一五日に尊道のもとで受戒[36]）、異論が出て差し控えたためであろうと推測される。梶井宮については、明徳度の明承が存命のはずであるが、八講の翌年の応永三年四月に薨じているので（『荒暦』応永三・四・三）、すでに重篤であったため差し控えた可能性があろう[37]。

明徳度の大覚寺宮は、後光厳皇子寛教法親王と考えられるが、寛教は、応永度には大覚寺宮としては見えず、安井宮として列しているようである[38]。大覚寺宮の称号が使われなかった理由は不明であるが、明徳三（一三九二）年の南北朝合一により帰洛した後亀山法皇が大覚寺殿として上位に並んだため、「大覚寺」の使用を憚ったのかもしれない。

明徳度の東南院宮・勧修寺宮・柳原宮は、応永度には三人とも存命していたはずだが、名前が消えている。これはすでに指摘したように、応永度は、皇族については親王号を有している者に限ったためと考えられる。ただし、彼らの親王号を得る道が閉ざされていたわけではない。

例えば、明徳度に東南院宮として見えるのは、光厳の皇子で栂尾宮と呼ばれた義仁親王の子観覚と考えられるが（系図6）、彼は、応永一〇（一四〇三）年に「極官」の僧正への昇進を望んだ際、彼の師の観海は「木寺宮」だからという理由で僧正までしか認められなかったが、観覚は親王の子であり、光厳（上皇）の孫にあたるからと親王号を許され、法親王になった[39]。

観覚の師の観海は、後二条子孫の邦世親王の子で前述の深守の甥にあたる人物である（系図5）。この事例からわかるのは、前述した後光厳代における孫王に対する親王宣下への制限はすでに緩められているようであるが、天皇の曾孫にあたる皇族への親王宣下は憚られていたことであろう。しかし、前述のように亀山子孫でその曾孫にあたる満仁には親王宣下がなされた訳であり、そのあたりの基準は極めて恣意的かつ政治的であった。

応永二六年一〇月、木寺宮であった故世平王の子（承道）が後小松院の「御養子」として御室永助法親王に入室し（『薩戒記』応永二六・一〇・二六）、同様に院の養子として九月に妙法院の堯仁法親王（後光厳皇子）に入室していたその弟（明仁）と共に、一二月には親王宣下を受けている（『看聞日記』応永二六・一二・一二）。

この世平王の二人の子の入室には批判がなかったわけではない。将軍義持のブレーンであった醍醐寺三宝院門跡の満済は次のように日記に記している。

②「御室附弟幷山妙法院宮附弟木寺宮息也、非二孫王一、以外雖レ為二不足一、以二仙洞御猶子之儀一入室キ、近年如レ此類繁多也、貴種事闕故歟、珍事々々…」

（『満済准后日記』正長二・六・一七）

記主の満済（醍醐寺三宝院門跡）の認識では、この二人は「孫王」でもないので、御室や妙法院門跡となるには資格がかなり不足しているが、「仙洞」後小松の猶子として入室することができた。近年このような形での入室が多いのは、「貴種」が不足しているためであるというのである。この「貴種」の不足は、公武政権において、体制を揺るがしかねない問題となりつつあったようである。

　前代の王家においても、「貴種」の供給先として門跡寺院や女院があったが、その中で女院の方は、父祖の供養を一応の使命としながらも、「家」としての永続性という点から見れば、それほど強固なものとはなりえなかった。女院自身が、相伝する所領や邸宅・寺院など継承者を決めることができたが、その継承者は改めて院号宣下がなされなければならず、その判断は王家の長に握られていたといえよう。場合によっては、時の王家の長に回収されたり、女院の意志とは異なる継承者に譲与されることもあった。女院を支える女房や女院司らの組織も形式的は女院が代わる度に再編されるわけであり、組織としての永続性が社会的に確定されていたわけではない。

　一方、門跡寺院はその所属する延暦寺や興福寺などの組織の中にあって、天台座主や興福寺別当など組織の長を出すことなど、寺院全体とさまざまな機能で結びついており、女院に比較してその永続性は社会的に認められた存在である。宗教施設として行うべき修法や祈禱、本願によって定められた種々の法会などを維持していかなければならず、中世社会の中で一つの「家」として化していた門跡寺院は、門跡の供給元である王家や摂関家などの上級貴族の「家」と同様に、寺領の管理などを坊官以下の肥大化した組織とその構成員によって行なわれていた(40)。前掲の八講の表で文永度と明徳度のものを比較してもわかるように、南北朝期をこえて、女院は姿を消し、宮家と門跡が多く占めるようになったのはこのような歴史的背景によるものであろう。ただし、前代女院によって維持されていた王家の機能の一部は、明徳度の捧物のメンバーでは、まだ入江殿（三時知恩寺）だけしか現れていないが、室町期に発展する尼門跡に受け継がれていくと考えられる。

第三章で触れたように、鎌倉期の後半に孫王の親王宣下が認められるようになったが、逆に認めるのは孫王までという制限となり、それは前述のように後光厳の時代まで生きていたようである。後光厳は、それを逆手にとって、すでに孫王しか生み出しえない亀山子孫や後二条子孫の宮たちを退けて、直宮の皇子を優先的に諸門跡へ入室させた訳である。それは、後光厳が持明院統皇統内部における自流の安定を維持するためにとった必要な方策の一つであった。

義満も基本的には同じ目的で門跡寺院に子弟を送り込もうとしたのであるが、それがもたらす効果を考えると、その役割を同じレベルで語ることはできない。皇子たちの場合、一度出家したら皇位を望むことは不可能、つまり一方通行的な存在であることに対し、将軍家の場合、青蓮院門跡の義円（第六代将軍義教）のように還俗して将軍の座につくことが可能であった。門跡に入った将軍家の子弟たちは、正嫡がいない場合、将軍の供給元となる一方、すでに触れた義嗣や義昭（大覚寺門跡）、義承（梶井門跡、いずれも義満子）などのように、謀反の火種として常に疑われる存在であった。門跡寺院側から見ても、室町殿子弟を門跡に迎えた場合、たとえ幕府から政治的経済的に優遇されるにしても、門跡が突然還俗したり、政治的な事件が生じるたびに不安定となることについては忌避感があったのではないかと考えられる。

応永度において、皇子女たちのグループの最後に見える相応院宮と円満院宮は、前者が仁和寺相応院に入室し、御室の永助法親王（後光厳皇子）の資となった崇光の皇子弘助と考えられ[41]、『紹運録』などでは法親王とされているが、この八講の時点では入室してはいるものの、まだ親王宣下を受けていないためにここに置かれたと考えられる。円満院宮は、同じく後光厳皇子行助の資となった行悟と考えられ

（『教言卿記』応永一三・二・二二、『法中伝系部類』）、南朝長慶院の皇子であるが親王宣下は受けていなかったようである。この二人は、親王号を受けていなかったが、共に直宮であり、いずれ親王宣下がなされるものとしてここに並べられたと考えてよかろう。

木寺宮と常磐井宮

時代は下って、享徳二（一四五三）年一二月、木寺宮邦康王（世平王の子）の十五歳の子息（師熙）が、後花園天皇の猶子として親王宣下をなされ、仁和寺に入室して静覚（法深）法親王と名乗った[42]。その二年後の康正元年二月、今度は静覚の父邦康王が、後崇光院（伏見宮貞成、後花園の実父）の猶子として親王宣下を受け、すでに四〇歳になっていたが一〇月に元服を遂げ、三品に叙せられるとともに中務卿に

任ぜられた[43]。

系図5に見えるように、後二条の孫王である康仁親王の後、邦恒・世平と二代にわたって親王号得られなかったわけであるが、この段階に至って木寺宮に親王号が復活したのは、享徳二年九月に薨じた前御室承道法親王（邦康の兄弟）がその際一品に叙せられた上、准后となっており、その後継者（静覚法親王）の実父が、ただの王であることを問題視されたためであろう。王家の門跡の筆頭とも言える御室を二代にわたって出したことの実績を認められたとも言える。

邦康の元服の儀を行うに際して、「本所の御造作・掃除・御修理・鋪設・翠簾已下、悉く御室御沙汰ありと云々」（『康富記』康正元・一〇・二八）と御室の援助によってなされている点も注意すべきであろう。新任の門跡であり、まだ一七歳にすぎない静覚法親王の力ではないことは言うまでもない。組織としての御室が動いた訳であり、門跡寺院と宮家はすでに不即不離の関係にあったというべきなのであろう。

すでに代を重ね孫王でもない皇族に、天皇・院もしくはそれに準じる者の猶子として親王号を与えるという方法は、法親王の場合、すでに鎌倉期から行われていた。しかし、俗体の皇族に対しては、この時期に制度化された新しい方式である。

その嚆矢は、伏見宮貞常王（貞成子）が、文安二（一四四五）年六月に後花園天皇（貞常の同母兄）の猶子として親王宣下を受けたことである[44]。翌年三月には式部卿に任ぜられ、さらにその翌年三月、二品に叙せられた[45]。父貞成に太上天皇の尊号が宣下されたのが、文安四年一一月のことであり、貞常は親王宣下の段階では、上皇の皇子ではなく、崇光院の孫王でもなかったのである。別な見方をすれば、この貞常への親王宣下は、後花園天皇をあくまで後光厳院流の天皇と位置付けたい後小松の旧臣たちによってなかなか実現しなかった貞成への尊号宣下に近づく最後の一手と見なせるかもしれない。すでに貞成の正室の立場にあった南御方（源幸子）は、文安元年四月に、後花園の生母つまり国母として准后宣下がなされていた（『康富記』文安元・四・二六）。今上天皇及び二品親王の実父であり、准后の夫を入道無品親王のままにしておくわけにはいかない、皇族でもない義満に対してすら、死後であったが太上天皇の尊号が贈られようとしたではないかと。すでに外堀は埋められつつあったのである。

貞成に尊号宣下がなされる以前の文安四年二月、常磐井宮直明王から子息（実際は直明の弟恒邦王の子）を貞成親王の猶子として相応院弘助法親王に入室させ、それに伴って門跡の意向もあり立親王を申請したいという申し出があった。しかし、入道親王の猶子での立親王は前例がないということになり、後花園天皇の猶子でという提案がなされたが、上皇の猶子での立親王の前例はあっても、今上天皇の先例はないということで実現しなかった（『建内記』文安四・二・三〇）。結局、尊号宣下後の宝徳元（一四四九）年一〇月、「太上法皇」貞成の「御養子」として勧修寺門跡に入室したのである（『康富記』宝徳元・一〇・二三）。この段階においての今上天皇の猶子での立親王は、後花園の実弟貞常のみであったが、やがて寛正二（一四六一）年四月、常磐井宮直明王の子全明が後花園の猶子として親王宣下がなされ（『続史愚抄』寛正二・四・一三）、常磐井宮では、この後も全明親王の嫡子恒直と勧修寺に入った海覚が後柏原天皇の猶子として親王となっている。(46) やがて戦国の動乱の中で、常磐井宮家も木寺宮家も断絶するが、それがなければ、伏見宮家同様に、門跡の供給源として両宮家は存続できたと考えられよう。

系図7　二条摂関家

捧物を献じた女性たち

明徳度と応永度を比較した場合、目立つのは、義満関係者と考えられる人々の増加である。

まず義満と同じく准后としてその列に続く二条良基の叔父常住院良瑜、それに「聖護院殿」[47]も恐らく良基の子道基（後に道意と改名）ではないかと考えられ、そうすると嘉慶二（一三八八）年六月に薨じた良基の関係者が二名入っていることになる。彼らの系譜を示すと系図7のようになる。

さらにグループの最後に並んだ「小川殿」「裏松殿」「三位殿」は、恐らく三人とも義満に関係深い女性たちであろう。順に「小川殿」は義満の母紀良子、「裏松殿」は義満の室藤原康子に比定され、「三位殿」は確定しにくいが、『大日本古記録』[48]で比定されている四条今子（後円融の皇子道朝法親王を生んだ四条隆郷の娘）ではなく、藤原教子（俊子、武者小路資俊の娘）ではないかと考えられる。義満の寵愛を受け、後小松天皇の即位に当って褰帳の典侍を勤め、従三位に叙された女性である。[49]

捧物を献じた人々について、女性の割合を見てみると、明徳度三人に対し、応永度では六人となっており、数だけ見ると倍になっている。この頃より公武の子女らの入室が盛んになる尼門跡はまだ「入江殿」（後光厳皇女見子内親王）だけであるが、小川殿以下の女性たちのような公武の権門女性たちを広く含みこむことは義満の構想にすでにあったのかもしれない。

おわりに ―義満の新王家構想―

いわゆる義満の公家化の問題は、本章で見てきたように、二つの段階を考えるべきであろう。第一段階は、二条良基の指導の下、大臣に近衛の大将を兼ねて、一上の左大臣に昇り、官職ばかりでなく、限定的ではあるが、実際の朝儀の場で節会の内弁を勤め、効果的にその存在をアピールした。自らが朝廷のどのような官職に昇るかということ対しては、単なる上下関係だけではなく、その官職が歴史的にどのような意義を持っていたかを理解し、それらにおいて果たすべき職務内容や儀礼の場における役割までも理解した上で、室町殿を中心とした新たな場を創出しようとしたのである。

そして義満が立とうとした儀礼の場は、それまで繰り返されてきた朝儀の場ではなく、新たに再構成されたそれを構想していた。そこでは、平安末期より姿を消していた皇族たちを、摂関以下の貴族たちより上に君臨させる形で再登場させ、王権の権威を強く可視化するというものであり、それには前述した後宇多の構想との共通点を見出すことが可能である。前述のように摂関家の人々も家礼をしなければならない親王のポジションこそ、将来の室町殿の子弟の儀式における立ち位置として構想していたのではなかっただろうか[50]。

第二段階は、実質的に貴族の頂点に立っただけではなく、それを超えて、天皇・院の次に並ぶ位置に立つことであった。法華八講という公武共通の場において、准后という地位を梃子にして、親王たちを従えるべき存在であることを視覚的にアピールした。

そこに並ぶ親王たちも、天皇・院の皇子、さらに孫王だけではなく、そこから代を重ねて血統的に薄まった者たちをも含み込むようになっていた。すでに述べてきたように、彼らと賜姓された源氏との間には、すでにそれ程距離がある訳ではなかった。

永徳三（一三八三）年正月、義満は源氏長者となるが（『大乗院日記目録』永徳三・正・一四）、その地位は、従来の村上源氏が代々ついていた源氏長者とは異なった性格を有していたと考えるべきであろう。義満が属する清和源氏は、その始祖である天皇からの距離というレベルでは、醍醐源氏や村上源氏と似たようなものであるが、義満の構想は、これまで述べてきたような王家内部の源氏たちをも組み込んだものであったのではないだろうか。

そのように考えてくると、義満は新たな王家を創出しようとしていたのはないかという考えにたどりつく。鎌倉時代の両統迭立期以来、王家は解体に向かいつつあり、その中核たる王家の長も、皇統決定権を失い、曖昧な存在となりつつあった。院政を否定し、建武政権を樹立した後醍醐天皇すらも、その段階の王家の長足りえたとはいえないのではないだろうか。

義満は、室町殿を王家の長とする新王家を構想していたのであろう。(51)義満は別に天皇や上皇になる必要もなかった。天皇も上皇も女院も法親王らの門跡（尼門跡を含む）も、そして将軍も、彼の新王家の歯車に過ぎなかったのである。

注

序章

（1）黒田俊雄「中世天皇制の基本的性格」（『現実のなかの歴史学』東京大学出版会、一九七七）。

（2）荘園制の研究においては、それまで皇室領・天皇家領などと呼ばれていたものに対して、早くから王家領という概念が使用されているが、王家の概念規定が厳密になされていた訳ではない。

（3）栗山圭子『中世王家の成立と院政』（吉川弘文館、二〇一二）、佐伯智広『中世前期の政治構造と王家』（東京大学出版会、二〇一五）。

（4）代表的な研究として、伴瀬明美氏の一連の研究（「院政期～鎌倉期における女院領について」『日本史研究』三七四、一九九三、「院政期における後宮の変化とその意義」『日本史研究』四〇二、一九九六など）、野村育世『家族史としての女院論』（校倉書房、二〇〇六）、野口華世「中世前期の王家と安楽寿院―「女院領」と女院の本質―」（『ヒストリア』一九八、二〇〇六）、山田彩紀子『中世前期女性院宮の研究』（思文閣出版、二〇一〇）、白根陽子『女院領の中世的展開』（同成社、二〇一八）、曽我部愛『中世王家の政治と構造』（同成社、二〇二一）をひとまずあげておく。

（5）中世の皇子（宮）の研究については、森茂暁氏の『皇子たちの南北朝―後醍醐天皇の分身』（中公文庫、二〇〇八、初出一九八八）と『闇の歴史、後南朝―後醍醐流の抵抗と終焉』（角川書店、一九九七）、及び赤坂恒明氏の『「王」と呼ばれた皇族』（吉川弘文館、二〇一九）が貴重な成果であり、本書をなすにあたっても参考にすることが多々あった。また、拙稿「中世の宮家について―南北朝・室町期を中心に―」（『愛知学院大学人間文化研究所紀要・人間文化』二五、二〇一〇）も本書のベースの一つとなっている。

（6）近藤成一氏は、「鎌倉幕府の成立と天皇」（『鎌倉時代政治構造の研究』校倉書房、二〇一六、初出一九九九二）に以下のように述べられている。

「鳥羽の菩提は八条院領の伝領者、後白河の菩提は長講堂領の伝領者、後鳥羽の菩提は七条院領の伝領者、後高倉・後堀河の菩提は室町院領の伝領者によって弔われた。言い換えれば、鳥羽の「皇統」、後白河の「皇統」、後鳥羽の「皇統」、後高倉・後堀河の「皇統」がそれぞれの女院領を基礎として分立しているのである」

この近藤氏の指摘を受けて、曽我部愛氏は「天皇位を伝える皇統（皇位皇統）とは別に、追善仏事を継承する「皇統」の流れが存在した」（注4曽我部氏著書五ページなど）として、「皇位皇統」という用語で立論されているが、それ以外を非皇位皇統とか追善皇統と区別せず、皇統として使用しているため、かえって行論がわかりにくくなっている。

（7）拙著『日記の家―中世国家の記録組織―』（吉川弘文館、一九九七）。

第一部

第一章

（1）樫山和民「准三宮について―その沿革を中心として―」（『書陵部紀要』三六、一九八四）。

（2）この皇統決定権は、皇位決定権を核としながらも、皇位とそれに付加する王家の財産（家産）を将来にわたって継承していく者（子孫も含め）を指名する権限として一応規定しておこう。皇位決定権は、次の天皇を誰にするか、つまり基本的に次のポストに座るのは誰なのかを決めるだけの権限であり、王権の発生以来存在し、原則として王権の主催者の手にあるべきものであるが、その行使には様々な政治勢力の思惑が反映し、純粋に王権の主催者（大王・天皇）に握られることはなかったといっても過言ではない。

（3）佐伯智広『中世前期の政治構造と王家』（東京大学出版会、二〇一五）第二部第一章。以下、佐伯氏の説は、特に記さない限りこの著書によっている。

（4）保延二年の勝光明院造営など。この点については、拙稿「中世天皇の「蔵書」について―勝光明院と蓮華王院の宝蔵をめぐって―」（『歴史学研究』一〇二九、二〇二二）参照。
（5）天皇の「家」として所有すべき家記・文書類に加え、大量の荘園群・御願寺群とそれらに寄生する多数の僧俗ら。
（6）翌年にも後白河の近臣たちは、二条天皇を呪詛したという嫌疑で解官・配流の処分を受け、またも時忠はそれに加担していた（『百錬抄』応保二・六・二三、以下、このように年月日の省略して表記する）。
（7）拙著『日記の家―中世国家の記録組織―』（吉川弘文館、一九九七）
（8）橋本義彦「貴族政権の政治構造」（『平安貴族』平凡社、一九八六、初出一九七六）、井原今朝男「中世の天皇・摂関・院」（『中世の国政と家政』校倉書房、一九九五、初出一九九一）。
（9）注（7）拙著第六章では、宇多天皇以降、中世末期の後奈良天皇までの間に三回確認される日記の空白期のうち、第二空白期として抽出した。
（10）注（4）拙稿及び注（7）拙著第六章参照。
（11）両天皇の日記は、醍醐・村上両天皇の日記（二代御記）のように半公開状態にあったため、広く流布してしまった類の日記とは異なり、まとまった形で白河のみに伝えられていた日記だったからであろう。
（12）『顕広王記』永万元・六・二五。
（13）『玉葉』安元二・一〇・二三、一〇・二九、一一・二。
（14）『本朝皇胤紹運録』（群書類従。以後『紹運録』と略す）では、道法法親王の方を「母三条局、法印応仁女」とし、『華頂要略』「諸門跡伝」では「母三条局〈法印応仁女、花園左府有仁公孫女〉」とする。応仁は、『尊卑分脈』では、輔仁親王の子仁操僧都の出家前の名前の可能性を指摘しており、「花園左府」の子ではなく弟である。また、三条局は、皇太后（藤原忻子）の女房だったらしい（『山槐記』治承二・六・一九）。
（15）承仁法親王の母親は、「今日法皇若宮〈建春門院御猶子、実遊女一﨟腹、号丹波局、御年七歳、蔵人右少

弁親宗奉養之〕」（『山槐記』安元元・八・一六）とあり、元遊女であった丹波局で、皇子は建春門院の猶子となり、院の近臣平親宗に養われたという。『紹運録』では、「母丹波局、仁操僧都女」とするが、道法の母と錯誤がある。ちなみに『華頂要略』では、「天台座主記」に「御母内膳司紀孝資女、江口遊女云々」と載せ、「諸門跡伝」では「母丹波局〈浄土寺仁操還俗女〉」とするが、後者は『紹運録』と同様の錯誤であろう。

(16)『玉葉』安元二・一〇・二九。三条局（仁操の娘）所生の後白河の皇子はもう一人おり（真禎）、こちらの方は、治承二年六月一九日に東寺長者禎喜大僧正の弟子として出家させられている（『山槐記』）。

(17)高倉天皇の時代、践祚当初は平教盛、そして平信範（時忠の叔父）が蔵人頭に着いたが、その後、治承三年の清盛によるクーデターを経て、安徳天皇践祚後、清盛の子重衡が任じられるまで、武家平氏に近い蔵人頭は見えない。建春門院亡き後、後白河のごく近辺で起きることは、福原にいる清盛の耳に入ることが遅れ、阻止する暇がなかった可能性が高い。もともと院の近臣中の近臣であった時忠は、後白河の指示に従うしかなかったのであろう。

(18)統子内親王。鳥羽皇女（待賢門院所生）で後白河の同母姉にあたり、異母姉妹の姝子内親王（美福門院所生、高松院）を養女とし、統子の御所から東宮守仁のもとに嫁がせている。壇ノ浦の合戦後帰京した高倉の皇子守貞を養育した。姝子内親王の遺領は、建春門院に伝領され、すぐに建春門院が亡くなったため、後白河の管領下に入ったと推測されている（注3佐伯氏著書一五七ページ）。

(19)「法皇御第一者」として知られ（『山槐記』治承四・三・一八）、寿永元年七月一四日に出家しているが、さまざま政治的事件に巻き込まれ、命を失ったり、遠くの地に入るの憂き目にあった近臣が多い中で、無事に生き抜いて「遁世」を果たした人物として「天下第一之幸人」として評価されている（『吉記』寿永元・七・一四）。

(20)『玉葉』寿永二・八・一四、同八・一八。

(21)『百錬抄』寿永二・九・一八。当時六歳であったこの以仁の子は、『紹運録』に見える法円もしくは仁誉あたりかと考えられる。

(22) 宗家の妻として、藤原宗頼の同母姉妹が入っており、この娘がその所生であったならば、後述するように宗頼と親しかった源通親が土御門の外戚であり、その所縁で皇女を預かった可能性があろう。

(23) 『明月記』元久二・八・三によれば、八条院が京極局(宗家の娘)に与えた荘園は、定家の姉(「故中御門尼上」、八条院の御所では按察と呼ばれていた)が相伝し、八条院に献じたものであった。

(24) 『玉葉』文治元・九・二〇。この良輔は、文治二年二月、二歳で八条院の養子となり、その乳母には、兼実側近の藤原宗頼の妻(同惟方の娘)が選ばれている。

(25) 『玉葉』建久七・正・一〇、正・一二。

(26) 以仁王が、その挙兵の後、以光と改名され、源氏に下された上で、その行方を捜索されたことを指しているものと考えられる。その後、義仲にその勲功を顕彰されたこともあって、後白河院より復権されることがなかったのであろう。

(27) 野村育世氏も、以仁王の皇女へ八条院領が相伝されることを兼実が阻止したかったために、内親王宣下に反対したと理解されている(「不婚内親王の准母立后と女院領の伝領」『家族史としての女院論』校倉書房、二〇〇六、第五章、一八六ページ)。

(28) この女院については、永田郁子「鎌倉前期における宣陽門院の動向とその院司・殿上人について」(『文学研究論集(明治大学大学院)』二二、二〇〇五)参照。

(29) 通光には、範兼の子範光の娘も嫁しており、通忠を生んでいる。

(30) 『愚管抄』によれば、この人事について、頼実は通親が自分が内大臣になるために仕組んだことと腹を立て、知行国の土佐国を辞して逼塞したという。

(31) 通親の早世した長子通宗の遺児が譲位後の土御門の後宮で皇子(邦仁)を生んだのが承久二(一二二〇)年の二月のことである。はからずも土御門の子孫に皇位が戻ってきて、村上源氏の通親一門が外戚に返り咲くのは、二二年後のことであった。

(32) 後代の外記勘例（『園太略』文和元・一二・五）では、この立后は、「准母」の例としてあげられているが、橋本義彦氏によって否定され（「中宮の沿革と意義」）、野村育世氏にも継承されている（「不婚内親王の准母立后と女院領の伝領」（注27野村氏著書、第五章、一八五〜一八六ページ）。

(33) 注（27）野村氏著書。

(34) この時期、後鳥羽に近い女院として、生母の七条院（藤原殖子）がいるが、後鳥羽即位後の建久元年に三后を経ず、准三宮より院号宣下を受けており、経済基盤も含めて、後鳥羽が決めた皇統を後見すべき女院としては弱いと考えたのであろう。

(35) 『吉記』文治五・一一・一九、『玉葉』（別記）建久元・一二・二六。

(36) 守貞の室には、藤原基家（摂関家庶流、持明院流）の娘が入っており、後に北白河院となる陳子である。惟明の室には、藤原公時（三条流、実房の甥にあたる）の娘が入っていたが早逝している（『仲資王記』承元元・九・九）。

(37) 赤坂恒明『「王」と呼ばれた皇族』（吉川弘文館、二〇一九）。

(38) 国尊王の次に載せられている「字明王〔実国尊王子〕」には「ナ　アキヲ」というルビがふってあるが、恐らく本来は「あざなはあきをう」と読み、その上に「〜宮」というような形で記載されていて、その注だけが残ってしまっているものと推測される。当時、原則的には元服しなければ、正式な諱は持つことができないはずであり、後述するように交野宮は、結局元服できないまま出家させられたので、法名はあっても俗人の諱は存在しなのではないだろうか。

(39) 第六節の以仁王の皇子のところでも触れたが、「建久・正治之比」つまり頼朝の意志として、残存する皇胤を俗体のまま確保しておくようにという指示が発せられていたようである。ただし、この史料②aに「恭敬」しないようにとあるように、皇位を期待させるような待遇は慎むようにと断っており、あくまでスペアのスペア的な存在と見なしていたようである。

(40) 北白河院については、曽我部愛『中世王家の政治と構造』（同成社、二〇二一）第一章参照。

（41）『山槐記』治承三・四・九。『尊卑分脈』では有通の姉妹として「高倉院中納言典侍」が見えている。本来は有通の父有房の妹であったが、娘に擬されて養育されたのであろうか。

（42）『尊卑分脈』南家貞嗣子孫の成範の子通成の注に「母参議為通女」と見え、摂関家庶流（白川流宗通孫）の為通の女子として「民部卿室、通成母」とも見えている女性である。

（43）『明月記』には史料③と同じ年の嘉禄二年七月、謀反の企ての噂が書き留められている。その際、証拠となる書状が押収されたが、「党類三百人」とも「京中八十人同心云々」ともあり、どのような謀反であったか具体的には不明である（七・二二、八・三）。興味深いのがその張本として六波羅に搦取られた武士が「美濃国高桑次郎と称者」と見えることであろう。この美濃国高桑は、赤坂氏によって三千院所蔵『帝皇系図』に交野宮の皇子醍醐宮には「高桑庄に住す」という注記があり、その皇子も高桑宮と称するところから、この地に住していたことが指摘されている（注37赤坂氏著書一〇四ページ）。史料③の記事には、皇子に対する謀反の噂は記されていないが、第二章で触れるように後高倉院崩御後まだ間もない頃であり、後堀河の正妃をめぐって王家の内部が不安定な時期であった。王家の末端の皇子を利用して不穏な動きがあってもおかしくはない。ただ、謀反の嫌疑で幕府に捕らえられたような武士の下で皇子が庇護されるということがあるのだろうか。この辺りは謎である。

（44）しかし、当時の天皇をめぐる王家の状況は、前代とは全く異なった体を示していた。その一つとして女院の数の問題である。この天福元年段階で、一〇人の女院が存在し、女院制度が始まって以来、もっともその数が多い時代に入りつつあった。管見では、一二五〇～六〇年代あたりがピークで一三人を数えるほどになる（拙稿「中世の古典作品にみえる女房」松尾葦江編『ともによむ古典　中世文学編』笠間書院、二〇一七）。特に平安末期以来、王家の長を継承してきた皇統の要となった女院たちが、王家に蓄えられた荘園群を分有しながら、林立している状態であった。そして彼女たちは、これまで見てきたように、皇統から外れた皇子女たちを庇護下においてストックしているのである。

（45）土御門は、寛喜三（一二三一）年、すでに崩御している。

（46）範光は、範兼の子。修明門院重子は、範季の娘であり、範季は範兼の弟であるが、範兼の子として育てられたようである。善統の母は重子の従姉妹となる。

（47）『岡屋関白記』寛元四・六・一六、『九条家文書』寛元四・六・一〇付藤原道家（沙弥行慧）願文（『鎌倉遺文』六七一三）。

（48）「六条宮」については、従来後鳥羽皇子雅成親王（順徳同母弟）に比定されてきたが、雅成は承久の乱によって但馬国に流された後、嘉禄二年に出家しているようであり（『明月記』嘉禄二・一〇・一一、『民経記』同一〇・二二）、『法然上人絵伝』にも「但馬宮」が法然に対する厚い信仰を持っていたことが知られるので、すでに五〇歳近い上、皇統の変更となってしまう雅成をこの段階で道家が担ぎ出すとは思えない。やはり、順徳皇子の忠成王とすべきであろう。

（49）『九条家文書』寛元四・六・一六付藤原道家（沙弥行慧）願文。

（50）その前年、後嵯峨が出家するに際し、宣陽門院から譲渡されていた長講堂領が後深草に相伝されており（後嵯峨は文永九年崩御）、後深草は、子孫への経済基盤を確保していた。

（51）正安三（一三〇一）年院号宣下。

（52）前述の「天皇御作法」には、公事の知識のみならず、文学や芸能面への習熟も含まれていた。そのため日記だけではなく、音楽、特に雅楽における特定の楽器の伝習を取り込み、そこに形成されていた師資相承の原理を、天皇の「家」の継承原理の中の一つの要素として取り込んだのである。平安中期以来、朝廷の年中行事の場で、天皇が貴族たちと共に雅楽を奏することは恒例となっていたが、その楽器の選択については、自ずと琵琶・筝などの高貴な楽器が中心となっていたが、皇統における拘束はなかったようである。しかし、持明院統という皇統を維持するこの天皇家においては、琵琶という楽器を選択し、その師資相承が「家」の継承の必要条件として採用された。この点については、豊永聡美『中世の天皇と音楽』（吉川弘文館、二〇〇六）に詳細に論じられている。

（53）この点については、注（7）拙著第六章第四節参照。持明院統における天皇の「家」の形成について、

「日記の家」の視点からみるならば、伏見の代に一つの画期があったと理解している。

(54) 中宮は、元弘三(一三三三)年立后の珣子内親王(後伏見皇女)、皇后は、文保三(一三一九)年立后の奨子内親王(後宇多皇女)、皇太后は元弘三年立后の藤原禧子(西園寺実兼の娘)以後、江戸時代に至るまで見えなくなる。太皇太后に至っては、保元三(一一五八)年立后の藤原多子(頼長養女)を最後に断絶している。

第二章

(1) 宮内庁書陵部所蔵(伏見宮家旧蔵本)。

(2) 平安・鎌倉時代において、立太子し皇太子としての在任期間中に元服した皇子は二九名おり(廃された高岳・恒貞、在任中に亡くなった実仁・邦良を含む)、その中で元服年齢がはっきりしない高岳・仁良(仁明天皇)を除いて、平均年齢は、一三・八歳である。践祚年齢に比べ、こちらの数値が高くなっているのは、やはり践祚の方が政治的な事情によって早められていたことを示すのであろう。

(3) 元木泰雄『平清盛と後白河院』(角川選書、二〇一二)。

(4) 本書第一章第四節及び拙稿「中世天皇の「蔵書」について―勝光明院と蓮華王院の宝蔵をめぐって―」(『歴史学研究』一〇二九、二〇二二)参照。

(5) 実父は徳大寺実能という説がある。

(6) 准母育子は承安三年八月に薨じている。

(7) 拙稿「『平家物語』にみえる夢の記事はどこからきたのか」(松尾葦江編『文化現象としての源平盛衰記』笠間書院、二〇一五)。

(8) 藤原邦綱は、清盛と極めて近い存在である上に、成頼の妻の父でもあり、成頼とともに平氏政権下に独特の立場を持っていた。邦綱については、拙稿「藤原邦綱考―物語と古記録のはざまにて―」(『国学院雑誌』一一四―一一、二〇一三)及び注(7)拙稿参照。

(9)相当に王朝貴族化が進みつつあった武家平氏であり(拙稿「武家平氏の公卿化について」『九州史学』一一八・一一九、一九九七)、勝光明院や蓮華王院の宝蔵に納められた王家の「家記」(第一章第四節)の重要性などを認識していたと思うが、清盛の構想する体制ではどうするつもりであったのだろうか。

(10)兼実は、早く新天皇を立てるべきことの理由として「其の故、先に京華狼藉今に止まず、これ人主おはさざることの然らしむるなり〔是一〕、　次に須らく征討を忩がるるの処、平氏等主上及び三神を具し奉り、已に海西に赴く、王を立てずして征伐有らば、議において妨げあり〔是二〕、次に我朝の習い、剣璽を得ずしての践祚かって例無し、しかるに継体天皇臣下のために迎へらるるの時、国史の文の如きは、之を践祚と書く」と自身の見解を日記に記し(『玉葉』寿永二・八・六)、本朝に剣璽なしの践祚の先例がいまだかってないこと、継体天皇が「臣下」に迎えられたことを『日本書紀』では「践祚」と記されていることなどを指摘するばかりであった。

(11)玉井力『平安時代の貴族と天皇』(岩波書店、二〇〇〇)第一部第二章(初出一九八七)。

(12)後掲の史料②の『平家物語』延慶本では、安徳に尊号が奉られたという認識である。

(13)『玉葉』寿永二・八・一二、八・一五、九・五、一〇・一三、一〇・一四。

(14)ただし、平氏の九州における有力な家人として、宇佐大宮司の宇佐公通がおり、平氏の鎮西入りにも関わっていると考えられ、彼を通じて奉幣が行われることは十分ありえることであろう(工藤敬一「鎮西養和内乱試論―その実態と意義―」『荘園公領制の成立と内乱』思文閣出版、一九九二、初出一九七八)。

(15)『玉葉』寿永二・閏一〇・一三、一一・四。

(16)『吉記』寿永二・一一・二八。

(17)『玉葉』寿永二・一一・一四には宗盛が後白河院に宛てて出した書状が載せられており、その記事には「…しかるに去る九月の比、前内大臣書を法皇に上《たてまつ》る、其の状に云はく、臣においては全く君に背き奉るの意無し、事図らざることより出、周章の間、旧主においてはしばらく当時の乱を遁れんがため、塵外の土に具し奉りおはんぬ、然れども此の上の事、偏へに勅定に任すべしとうんぬん」という文言が見え、安徳天皇を「旧主」と呼んでいるようであるが、『吾妻鏡』寿永三・二・二〇に所載されている宗盛返状では、宗盛は「主上」と呼んでいることからも、『玉葉』の記事の「旧主」は法皇の周辺の認識であろう。『玉葉』では、閏一〇月段階で「主上」と呼ぶことがあったことからすると、もう少し早くからその揺らぎは生じていたのかもしれない。

(18) その死は、宇治左府頼長の怨霊のしわざとして噂された（『吉記』寿永元・六・二一）。

(19) この仲恭の立坊・即位は、後鳥羽周辺の宮廷の事情から考えると、権門である摂関家とのより強いパイプをもたらすものであり、それが目的の一つであったと思われる。前述したように後鳥羽は、その祖父後白河と同様、権門のバックアップが弱い王家の長であり、それまでは卿二位らその後宮を支配する高倉家によって結びついた村上源氏の通親や摂関家庶流の大炊御門流の頼実などによって支えられていたが、彼らは当時の貴族社会ではそれほど強固な存在ではなく、武家平氏のように圧倒的な軍事力を動員できる立場でもない。土御門から順徳への兄弟間の交替も彼らの権力維持のためになされた感が強いものの、その永続性は期待できず、やはり摂関家との関係、特に関東とのパイプをもつ九条流の道家の存在は後鳥羽にとって重要であったと思われる。一方道家にとっては、源通親によって摂関の地位を奪われた祖父兼実、また通親薨去後、土御門の摂政に就きながら若くして亡くなった父の良経の跡を継ぎ、九条流を挽回するチャンスととらえていたことは間違いない。

(20) 王家の長と天皇はセットとなっており、かつ孫王よりも天皇の皇子であることが望ましく、さらに母親の出自が低くないこともその条件に含まれていたと考えられる。このような条件によって、すでに乱の直前の承久三年五月に薨じていた惟明親王の皇子交野宮や以仁王の皇子も候補者から外れることになったであろう。

(21) 曽我部愛『中世王家の政治と構造』（同成社、二〇二一）。以下、氏の所説はこの書による。

(22) 北白河院は、藤原（持明院流）基家と平頼盛の女との間に生まれ、源頼朝の妹を妻にしていた一条能保とは父方の従兄弟の関係にあった。能保の女が道家の母という関係で九条流摂関家ともつながりを持っていることになる。
(23) 宣陽門院については、長田郁子「鎌倉前期における宣陽門院の動向とその院司・殿上人について」（『文学研究論集（明治大学大学院）』二二、二〇〇五）を参照。
(24) 白根（布谷）陽子氏は、生まれてくるであろう有子所生の皇子に長講堂領を相続させることを企図していたと指摘しているが（『女院領の中世的展開』同成社、二〇一八、第二章、初出二〇〇二）、皇女であっても、女院に冊立しその相伝によって、王家の中核的な女院に位置づけようという構想もあったものと推測される。
(25) 『増鏡』（藤衣）では、この長子が幼すぎたためか「いたく御覚えもなく」その地位を失ったように説明されている。
(26) 五味文彦「道家の徳政と泰時の徳政」（『明月記研究』一二、二〇一二）。道家は寛喜三・一一・三に四二箇条の寛喜新制を出し、泰時は貞永元・八・一〇に御成敗式目を制定している。道家の新制については、井上幸治「九条道家政権の政策」（『立命館文学』六〇五、二〇〇八）を参照。
(27) 拙著『中世禁裏女房の研究』（思文閣出版、二〇一八）第二章参照（一〇七ページ以下）。
(28) 朝廷の外記を務める家柄であるが、関東に下って明経道を教え、幕府評定衆としても活躍した人物。ただし、『吾妻鏡』嘉禎元年三月一六日条によると「卯刻大地震、今日天変地妖等の事によって、御祈禱徳政等あるべきの由、武州御亭において、其の沙汰有り、師員朝臣奉行たりとうんぬん」とあり、この頃、師員は関東にいたようである。
(29) 龍粛『鎌倉時代　下』（春秋社、一九五七）三五ページ。
(30) 「故高野相公」ならば、前述の藤原成頼だろうか。「九条院孫」は、『明月記』建保元・一〇・二八、同五・三・二九に見える「宮尼公」と称した女院の九条院「所生」とされた女性と関係あるようであるが、今のところ不明。
(31) 本郷和人「廷臣小伝」（『中世朝廷訴訟の研究』東京大学出版会、一九九五）。

(32) 天福二（一二三四）年五月二〇日には、道家の甥で自身が摂政を務めた九条廃帝（仲恭天皇）も一七歳で崩じている。

(33) 嘉禎三（一二三七）年には、長らくライバル関係にあった近衛流摂関家の家実の嫡子兼経を娘の仁子の聟として迎えて（『百錬抄』嘉禎三・一・一四）、近衛流との融和を図ったが、これも弥縫策にすぎないことは道家自身理解していたであろう。

(34) 『吾妻鏡』延応元・四・二五、五・二三など。

(35) 『五代帝王物語』『増鏡』など。

(36) 順徳院の皇子忠成王は、寛元五（一二四七）年二月二五日に元服を遂げている（『葉黄記』）ので、やはり元服前であり、皇嗣と決まればすぐに元服を遂げる予定であったはずである。

(37) 『平戸記』仁治三・五・一三、六・二〇。

(38) 栗山圭子「准母立后制にみる中世前期の王家」（『中世王家の成立と院政』吉川弘文館、二〇一二、初出二〇〇一）。

(39) 摂関家自体、一三世紀後半には、九条流が九条・二条・一条の三家に、近衛流が近衛・鷹司の二家に分裂し、いわゆる五摂家が成立するに至る。ここでは、摂関家と表現してきたが、この摂関家出身の女院が存在していた時期までは、摂関家も王家と連動し、ある種の王家状態が潜在していたのかもしれない。王家から天皇家が成立してくるように、近衛・九条二流の摂関家が五摂家に固定化されていくのである。

(40) 後二条天皇の「准母」姈子内親王（後深草皇女で後宇多皇后）くらいしか置かれなかったようである。

(41) 鎌倉後期、「職の一元化」の進行により、本家であれば自動的に年貢が上納されるという時代は終わりつつあった。鎌倉幕府や大寺社などと政治的に交渉できる「家」の機構が必要となっていたことも影響していると思われる。

（1）中世において「～宮」とよばれる人々には、親王・内親王号を朝廷より宣下された者の外、「～王」とよばれる者たちも含まれる。もともと令制下では、天皇の兄弟及び皇子女は親王（内親王）とされ、二世以後は王（女王）とされた。平安中期までは、七世・八世あたりまで代々王を名のる一流があったようであるが、源氏賜姓が開始されると共に次第に姿を消していったようである（第一章注37赤坂氏著書）。また平安中期に親王宣下の制が始まると、天皇の子女であっても宣下を受けなければ親王を名乗れず、例えば、平安末期、平氏政権に反旗を翻して殺された以仁王のように後白河院の皇子でありながら、何らかの事情で親王宣下を受けられなかった者も現れた。一方、院政期に入ると、出家した皇子にも親王号が与えられ、法親王とよばれる人々が数多く現れる。彼らも「青蓮院宮」とか「妙法院宮」のように主に「寺院名＋宮」という呼び名で呼ばれている。院政期以降は、親王号を与える権限が、治天の権能の一つと化した観があり、天皇家の家長によるファミリーへの統制の道具の一つであったと考えるべきであろう。鎌倉期に入って、政治的な事件による皇統の断絶（承久の乱による後鳥羽院流など）や分裂が、皇室領荘園の形成と分割の繰り返しの中でいくつかの天皇家の支流を派生するようになると、親王号の授与は前代とは別な意味を持っていったと考えられる。

（2）拙著『日記の家―中世国家の記録組織―』（吉川弘文館、一九九七）第八章。

（3）同前拙著第一一章、曽我良成『王朝国家政務の研究』（吉川弘文館、二〇一二）、井上幸治『古代中世の文書管理と官人』（八木書店、二〇一六）参照。

（4）いわゆる賜姓源氏が数多く輩出されたのは平安中期までであり、中世前期では限られた存在であった。本章及び第四章で見ていくように、すでに貴族の「家」を形成して代を重ねていた宇多・醍醐・村上源氏などの諸家とは異なり、皇族に近い特性を有していたようである。

（5）「家」として継続するためには、その経済基盤となる荘園が必要である。一二世紀以降、すでに多くの研究が積み重ねられているように、王家内部で院・女院らによって形成された荘園群が複雑に移動・継承されていく。特に断絶した皇統に属する女院は、まず皇統の内外から皇女を養子に迎え、その後継者に据え、場合によって皇子たちにも分配して継承させ、それらが宮家として「家」を維持していくための経済基盤となりえるきっかけの一つとなったようである。

（6）親王号は、古代のように天皇の皇子女のみ自動的に与えられていた時代と異なり、その宣下は、天皇（上皇）の意志によって左右されるものとなっていた。そのため極めて政治性の伴う一つの称号となっていくようであり、むしろここでいう王家のメンバーであることを示す資格のような特性を帯びていくように思われる。

（7）例えば、敦明親王（小一条院皇子）皇子敦貞親王の子敦輔王の場合、その子孫は王氏として残り、朝廷の伊勢奉幣の際の使王を世襲することで「家」として存続したようであるが（第一章注37赤坂氏著書一六六ページ）、この場合は、一種の官司請負制に属するものであり、ここでいう宮家として存続したわけではない。

（8）同前赤坂氏著書一五八ページ・一六六ページ。

（9）この「家」では、原則として王氏爵によって叙爵し、その後、源氏となって、近衛の次将を経て非参議に昇り、家職の神祇伯に就くと王に復するという昇進コースを形成していた。

（10）久保木圭一「九代将軍　守邦親王」（細川重雄編『鎌倉将軍・執権・連署列伝』吉川弘文館、二〇一五）。

（11）久明の子久良王は、理髪役の堀川光継が蔵人頭の任にあった嘉暦二（一三二七）年一一月より翌三年九月までの間に摂関家の二条道平のもとで元服し、同三年六月に源氏を賜姓され、従三位に叙され右中将に任じられた。しかし、元徳二（一三三〇）年二月、親王宣下を受け皇籍に戻されている。久良の子宗明は、建武五（一三三八）年八月、源氏を賜姓されており、暦応二（一三三九）年四月に左中将、同四年四月には、一二歳で従三位に叙されている。さらに貞和二（一三四六）年二月には、正三位非参議から直接権中納言に昇り、同四年一一月には権大納言になり、摂関家並みの昇進を遂げている。文和三

（一三五四）年一〇月、権大納言を辞するも、延文五（一三六〇）年四月、従一位まで昇っている（以上、『公卿補任』）。
(12)第一章注37赤坂氏著書第四章3。
(13)白根陽子「七条院領の伝領と四辻王家」（『女院領の中世的展開』同成社、二〇一八）第一章。
(14)雅成親王に加えた「但馬宮」という称号は、『法然上人絵伝』巻四一他や『平戸記』寛元二・三・二一、『百錬抄』建長七・二・一〇に見えている宮名である。忠成王の子「王子加々」については、『一代要記』所収の系譜に「彦豊王」と見え、「カ、ミヤ」の注が付してあるので、一応付しておいた。同じく忠成王子孫の源彦忠は、『紹運録』『尊卑分脈』には見えないが、『帝王系図』（吹上本、宮内庁書陵部所蔵）に見えているので付しておいた。
(15)この岩倉（蔵）の呼称は子孫にも継承された。彦仁（『実躬卿記』永仁三・九・七）、その孫の彦良（『師守記』貞治二・閏正・二一）もこれを冠して当時呼ばれている。
(16)佐伯智弘『皇位継承の中世史』（吉川弘文館、二〇一九）一二六ページ。
(17)『神皇正統記』によれば、熙仁は亀山の「御猶子」として立太子したとする。
(18)観応の擾乱によって分裂した持明院統の場合、崇光院流の伏見宮家は、天皇の「家」を継承し、一般宮家とは異なった性格をもつ存在であった。分裂後も皇位の継承のみの後光厳院流に対し、「家」の論理から優位に立っていたと考えられる。
(19)安貞二（一二二八）年八月のことで、七条院が崩じる前の月のことであった（安貞二・八・五付七条女院御領目録、『東寺百合文書』、『鎌倉遺文』三七七一・三七七二号）。
(20)建長三・一〇・八付修明門院譲状（『東寺百合文書』、『鎌倉遺文』七三六九号）。
(21)注13白根氏論文。
(22)忠成の曽孫忠房に親王宣下がなされた際、「順徳院・広御所宮・三位中将彦仁・忠房四代也」とその系譜が示される中に見える（『師守記』貞治六・六・二八）。他には、鎌倉後期の成立と考えられている『五代帝王物語』において、順徳の宮の忠成が「広御所の宮」と呼ばれていたことを記している。

(23) 金銅三鈷相伝事書案（建長五年、高野山文書『宝簡集』二十、『鎌倉遺文』七五八〇）に「佐渡院〔後鳥羽法皇二男、修明門院嫡子也〕御息宮之女院ニ御同宿面々ニ被進重宝之内、一宮〔天台座主尊覚法親王〕・二宮〔聖護院宮覚恵法親王〕・三宮〔御元服、号**六条宮**〕已上鳥羽高倉局之御腹也」と見えており、元服している「三宮」は、寛元五（一二四七）年二月に元服した忠成王を指すと考えられる（『葉黄記』『百錬抄』寛元五・二・二五）。また、平経高の『平戸記』に仁治元・閏一〇・一九以降、しばしば経高が訪れている「六条宮」も忠成王のことと考えられる。

(24) 太田静六『寝殿造の研究』（吉川弘文館、一九八七）六六七ページ。

(25) 伏見宮本『仙洞御移徙部類記』（後鳥羽院内下）所引『都禅記』建永元・八・五。

(26) 『明月記』嘉禄二・一〇・一一、『民経記』同二・一〇・二二など。

(27) 『歴代皇記』永仁二・三・二二には、「加冠権大納言良実、理髪侍従二位公世、各束帯云々」という記事を載せているが、良実が大炊御門良宗の誤りとすれば、たしかに権大納言在任中であり、侍従であった藤原公世が従二位に昇ったのも永仁元年であるので、時間的には問題ない。

(28) 文永一〇・三・一九付勘解由次官〔藤原経頼〕奉書（『壬生家文書』、『鎌倉遺文』一一二〇七）に安芸国開田庄が和徳門院領として見えている。また、『九条家文書』に所収されている徳治三・正・一付九条忠教譲状（『鎌倉遺文』二三二三九）などには、和徳門院より譲られた所領として中村庄があげられており、他に賀茂社領で領家が和徳門院である但馬国矢根庄（但馬国太田文、『鎌倉遺文』一五七七四）などがある。

(29) 第一章注37赤坂氏著書第四章二一五ページ。

(30) 彼を猶子とした関白二条兼基は、良実の子であるが、兄師忠の子として二条家を継いだ。そのためか、建治三（一二七七）年四月二一日に元服し、翌日従五位上に叙され、禁色を聴許され、正五位下となったのは六月一七日であった（『公卿補任』）。良実もその嫡子師忠も、正五位下から出身しており、忠房もその嫡子並みの待遇であったことが知られる。

(31) 元亨元(一三二一)年一二月に後醍醐の親政が開始された。後宇多の院政が停止したことについては、後宇多自身が後二条の崩御や真言宗への傾倒によって政務から遠ざかろうとしたという理解と、後醍醐が積極的に停止させたという理解(森茂暁『後醍醐天皇』中公新書、二〇〇〇など)がある。

(32) 『師守記』貞治六・六・二八。

(33) 『紹運録』によれば文保元(一三一七)年三月二九日、八五歳で薨じている。

(34) ただし、『明月記』寛喜元・六・一七によれば、病を得て一旦都に戻ったという噂を書きとめている。もし事実ならば、これは善統誕生以前なので、彼女は病が癒えた後、再び佐渡に戻ったことになる。

(35) 『葉黄記』寛元五・二・二五。ただし、『百錬抄』の同日条に「順徳院皇子〈生年廿六〉御元服也、加冠〈前内大臣基家公〉、理髪〈中将頼基朝臣〉」とあり、『葉黄記』の記事の内容と異なっている。ここに見える内大臣基家は九条流摂関家藤原良経の子で母松殿基房の娘。子孫は月輪を名乗る一流である。

(36) 『葉黄記』宝治元・八・一八に記主葉室定嗣が円満院宮のもとに参じて子細を申したという「佐渡院宮御首服事」は、善統の元服を指していると考えられる。

(37) 東寺百合文書。『大日本史料』では、修明門院が置文を認め、善統に七条院領を譲与したという綱文で立項されているが、内容的には譲与については明記されていない。

(38) 善統が親王宣下を受けていることは確かであるが、それがいつだったのかを明確に語る史料は管見に入らない。また、彼が現任の親王として確認される史料も管見に入っていない。『歴代皇記』によれば、正応四年五月三〇日に五九歳で出家しており、その後、入道親王としては複数の史料に見えているので、親王宣下を受けたことは確かであるが、その称号からいつ頃宣下を受けたのかを時間的にしぼることも難しい。第二部第三章で触れるように、文永七(一二七〇)年の後嵯峨院宸筆八講時点では、親王となっていない可能性もある。

(39) このことは、同時代の日記でも「座主前大僧正澄覚被下親王宣旨、孫王立親王宣下、曾無例云々」(『勘仲記』文永一一・三・二）と見えており、確認することができる。
(40)『外記日記』文永元・一〇・二七及び『一代要記』同日条。その弟で園城寺の長吏となった覚恵法親王については、薨年不詳。
(41)『東寺百合文書』弘安三・七・二九付亀山上皇院宣案（『鎌倉遺文』一四〇三〇号）、嘉暦四年関東執奏事書案（同前三〇七一二号）。
(42) 注13白根氏著書四〇ページ。
(43)『東寺百合文書』正応二・正・一三付善統親王譲状案（『鎌倉遺文』一六八五二号）。
(44)『勘仲記』弘安一〇・一〇・四。この記事でも「抑孫王親王宣下先例頗稀、近則菩提院宮澄覚親王云々、右幕下還任、尤珎重也」とあるように、澄覚法親王の親王宣下が初例として認識されていた。
(45) 小川剛生氏は、尊雅と善成がともに忠房の実子であった可能性を示唆されている（「四辻善成の生涯」『二条良基研究』笠間書院、二〇〇五）。
(46) 応永二・四・九付の「相国寺御八講第五巻日事」（『京都御所東山御文庫記録』）では、「被置捧物」の方に名前が見えている。この点については、第五章第二節参照。
(47) 善成は、四世王から源氏賜姓されながらも「宮」を名乗っていた。しかし結局のところ、順徳子孫の人々は、足利義満の構想する新王家に含まれる宮家として認められなかった。

第四章

(1) 冷泉系の皇統の最後の天皇となった三条天皇と、その皇子で皇太子に就きながら途中で辞した敦明親王（小一条院）の皇子らによって占められているのは、皇統から排除された皇子たちへの一種の優遇策であろうか。
(2) 儀式の次第において、親王が務めるべき役が規定されている場合は、親王代という形で一般公卿が代わって務めた。

(3) 兵部卿は、式部卿や中務卿などと異なり、一般の貴族、それも四位クラスでも任ぜられることがあり、一二・一三世紀の間も連綿と任ぜられている。『公卿補任』によれば、永仁五(一二九七)年六月七日に着任し、翌年一〇月一九日に民部卿に転じた藤原兼行以後、延慶元年正月五日に藤原(花山院)師信が就くまで任官者が見えない。この間、守良親王が少なくとも正安四年二月以前に任ぜられていることになる。兼行に替えて任ぜられた可能性もあるが、ここでは後宇多院政の親王任官政策の一環としてとらえておきたい。また、正安四年二月二八日に、これも平安以来久しぶりに村上源氏の土御門雅房(大納言)が任ぜられた弾正尹もやはり後宇多の政策によるものかもしれない。

(4) 邦省は、『紹運録』には兵部卿の経歴が記されており、これを信ずるならば、『公卿補任』において、藤原宗嗣が辞した嘉暦元(一三二六)年三月八日から次に見える元弘二(一三三二)年一一月一〇日に藤原(三条)公明が着任するまで任官の空白があるので、この間に任官していた可能性がある。

(5) 『中右記』嘉承元・三・二九。

(6) 『兵範記』仁安三・三・二〇、『吉記』養和二・三・二四など。

(7) 『定高卿記』建保六・正・二二。

(8) 『園太暦』貞和五・二・二五、六・二一、六・二二。

(9) 森茂暁『皇子たちの南北朝』(中公文庫、二〇〇七、初出一九八八)。

(10) この点については、森茂暁氏が長年の南朝研究の一環として取り上げ、大きな成果を積み重ねられてはいるものの、やや大覚寺統(南朝)対持明院統(北朝)という図式を強調し過ぎているように感じる。ここでは氏の成果に拠りつつ、そこでは捉えきれない側面に光を当てたいと考えている。

(11) 『園太暦』観応二・九・六。

(12) 森茂暁『鎌倉時代の朝幕関係』(思文閣出版、二〇〇五)第二章第三節。

(13) 同前第一章第二節六九ページ。

(14) 足利尊氏らによって開かれた幕府は、後醍醐の一流は論外として、残る三つの勢力の中から持明院統の天皇家を推戴した訳であるが、これは前代の王家の長を推戴した訳ではなく、自己の幕府に必要な天皇の「家」として一種の契約が行われたが、形骸化しながらも残存する王家内の問題には、鎌倉幕府の二の舞とならないようにできる限りタッチしないことを当初の政治的方針としたようである。

(15) この日、恒明らが居住する常盤井殿は、後醍醐の中宮で西園寺実兼の娘禧子の産所とされ、そこで御産の祈禱という名目で五壇法が行われていた。その中段の阿闍梨が、前述の岩倉宮彦仁の子承鎮法親王から亀山皇子（恒明異母兄）の慈道法親王に交替しており（『続史愚抄』嘉暦二・正・一六）、後醍醐は、後宇多の子孫を外した形で亀山子孫の取り込みを図っていた可能性が高い。

(16) 『続史愚抄』暦応四・一一・一九。『続史愚抄』はその時代の日記類から編纂されているものの、記事が改変されている可能性があるので、その利用には注意を要するが、翌年の『光明院日記』康永元・三・三〇に「無品全仁親王任太宰帥」と見えるので、すでに以前より親王号を持っていたことは確かであろう。そして光厳院政下の康永元年に大宰帥に任ぜられたことは、持明院統側の優遇策と考えられる。

(17) 『花園天皇日記』元応二・九・九、元亨三・五・八など。

(18) 同前元亨元・六・二二、八・一五。

(19) 臼井信勝「遊行十二代上人尊観」（『日本歴史』一二八、一九五九）は、後掲の史料6及び『藤沢清浄光寺記録』等によって深勝・杲尊は恒明親王の子で兄弟とされ、ここでもその説に従う。ただし、時衆の遊行十二代上人の尊観も恒明の子とされるが、この点については、今井雅晴「遊行上人と貴種伝説」（『中世社会と時宗の研究』吉川弘文館、一九八五）によって後代の作為によるものとして否定されている。なお、臼井氏が根拠の一つとされた『藤沢清浄光寺記録』は、遠山元浩「清浄光寺蔵「後醍醐天皇像」関連史料の一考察」（『駒沢女子大学研究紀要』二一、二〇一四）に翻刻されている。

(20) 『長福寺文書』建武二・二・二九付安井宮令旨。

(21) 『愚管記』永和五・二・一八など。

(22) 井上宗雄『中世歌壇史の研究　南北朝期』（明治書院、改訂新版一九八七）七〇二ページ。

(23) 森茂暁『南朝全史―大覚寺統から後南朝へ―』(講談社、二〇〇五) 第四章。以下、本節における森氏の見解は、これに拠っている。

(24)『梶井門跡略系譜』には、「亀山院猶子」と見えるが、恒鎮の父親である恒明が三歳の時に、恒明の父亀山は崩じているのであり得ないであろう。

(25)『愚管記』応安元・五・一など。

(26)『後愚昧記』応安六・一一・二四、『梶井門跡略系譜』など。

(27) 森氏は、仁誉が南朝に接近した理由として「仁誉の母方である洞院家からはおじに当る公泰・実守、いとこ実世、その子公行というように、一門の者たちが南朝に多く走っていることに注目したい」(注23森氏著書一八四ページ) とされている。

(28) 注22井上氏著書七〇一・七〇二ページ。

(29)『師守記』によれば、六月一五日、全仁の病が「危急」となった直後に、局務大外記の中原師茂は、「三世孫王立親王例」を勘申するように命じられ、承鎮法親王と忠房親王の例を報告している (六・二八)。

(30) 光厳・崇光両院は、延文二 (一三五七) 年に (『園太暦』延文二・二・一九)、光明院はそれより早く文和四 (一三五五) 年に解放されて帰洛している (同前文和四・八・八)。

(31) 永和五年、御室法守法親王 (後伏見皇子) が一品に叙されたが、同時に大覚寺宮の寛尊法親王 (亀山皇子) もそれまで御室しか許されてこなかった一品を宣下されており、これは「武家奏聞」によるもので「不及是非」るものとして勅許されたという (『愚管記』永和五・二・一七)。恒明の兄弟にあたる人物であり、同様の事例と見なせるかもしれない。

第五章

(1) 近年の成果として、松永和浩『室町期公武関係と南北朝内乱』(吉川弘文館、二〇一三、第二部第一章) があげられる。また、石原比伊呂『室町時代の将軍家と天皇家』(勉誠出版、二〇一五) にも、ここで扱う義満の節会内弁についての指摘があるが、本論でも触れるように二十歳そこその義満に「ディレクターのような立場で朝儀に臨」むことは不可能と考えるべきであろう。

（2）小川剛生『二条良基研究』（笠間書院、二〇〇五）第一篇第五章。

（3）正月の三節会については、近藤好和氏によって、平安期を中心にその儀式次第について詳細な分析がなされている（『朝廷儀礼の文化史　節会を中心として』臨川書店、二〇一七）。

（4）大臣、特に摂関家の出自の者が大臣として内弁を勤める場合、その摂関家と家礼関係にある公卿らが動員され、自ずと参仕者が増加することになったようである。

（5）この前年、康暦二年正月二九日から二月五日にかけて、内裏で行われた後光厳院七回忌の法華懺法は、二条良基が中心となって催したもので、「後白川院御代保元已来之事歟」（『迎陽記』康暦二・二・五）とされる邂逅の法会であった。特に中日や結願日に行われた行道には、後円融天皇自らが立ち、その後に良基と権大納言・右大将の義満が付き従うという、当代の朝儀の中心は誰かということを人々に知らしめる場として演出された。結願日には、金や銀で作られた「葩」（花びら）を散花に持ち込み、参加していた僧俗に配るという演出も、法会の華やかさを倍加するものであるとともに、義満の経済力をアピールするものであったろう。

（6）内乱によって遠隔地の所領を失い困窮して、儀式に参仕するための衣装や乗り物に事欠く公家が多かった。

（7）『愚管記』永徳元・正・七。

（8）後円融自身、永徳元年の末には、譲位の意志を固めていた（『後円融天皇日記』永徳元・一二・二四）。また、小川剛生氏によれば、永徳元年の秋ごろから、後円融天皇と義満との確執も表面化しつつあったという（注2小川氏著書）。この点については、家永遵嗣他「解説と翻刻　国立公文書館所蔵『初任大饗記』　国立歴史民俗博物館所蔵『義満公任槐召仰儀并大饗雑事記』―付　国立国会図書館所蔵『永享四七廿五室町殿御亭〈大饗指図〉』―」（『人文』一七、二〇一八）も参照。

(9) 実は後円融も立太子を経ずに践祚しており、父後光厳も観応の擾乱による三上皇らの南朝に拉致された状況の中での擁立ということもあり、やはり立太子は行われておらず、以後、近世に入っての東山天皇に至るまで、それが慣例化していく。嘉慶元・正・三に行われた後小松天皇の元服の儀では、太政大臣二条良基が加冠役を、左大臣義満が理髪役を勤めた(『実直卿記』)。

(10) 後小松天皇の即位式の時、義満は左大臣にありながら、内弁は右大臣の近衛兼嗣が勤めている。表12に見えるように、正月の三節会以外にも、臨時の行事である譲位儀や大嘗会(辰日節会)、天皇御元服の後宴の節会の内弁を勤めている。譲位儀における節会は、固関・請印儀の後に行われ、賜宴などは見えず、宣命使の宣制を主とする比較的簡略な儀のようである。

(11) この左大臣還任期間中の明徳四年の正月三節会に内弁として勤仕した可能性があるが(『続史愚抄』では元日節会の内弁を義満としている)、後代に元日・白馬節会が行われず踏歌の節会だけが行われた年の先例として引勘されており(『宣秀卿御教書案』、『大日本史料』明徳元年正月一日条所収)、史料が乏しく不明である。

(12) 岡野友彦『源氏と日本国王』(講談社現代新書、二〇〇三)第四章。岡野氏は、特に義満が源氏長者についたことが、石清水八幡宮放生会の上卿をことさらに行おうとした背景であったと指摘されている。

(13) 『後愚昧記』永徳三・正・六、正・一六。

(14) 同前永徳三・正・一三。

(15) 『愚管記』貞治六・一二・二、同七・正・一二。

(16) 栄仁を妙法院に入室させるという案もあったらしいが、崇光が否定したらしい(『後光厳天皇日記』応安三・一一・三)。

(17) 義満は、応永一五年、後小松天皇の北山殿への行幸に際し行われた舞御覧に、すでに出家を遂げていた栄仁親王や義仁親王を招き、自身と天皇が笙を、両親王がそれぞれ琵琶と箏を担当して楽を奏している(『北山殿行幸記』応永一五・三・一)。

（18）『玉葉』安元三・五・二〇など。
（19）原田正俊「中世後期の国家と仏教」（『日本中世の禅宗と社会』吉川弘文館、一九九八、初出一九九七）、同「相国寺の創建と足利義満の仏寺法会」（桃崎有一郎・山田邦和編著『室町政権の首府構想と京都：室町・北山・東山』文理閣、二〇一六）、富島義幸「相国寺七重塔―安置仏と供養会の空間からみた建立の意義―」（『日本宗教文化史研究』五―一、二〇〇一）、同「等持寺仏殿と相国寺八講堂―顕密仏教空間としての評価について―」（『仏教芸術』二七三、二〇〇四）など。
（20）大田壮一郎『室町幕府の政治と宗教』（塙書房、二〇一四）第二部第一章。
（21）平安以来の貴族たちの日記をめくっても、この五巻日と結願日だけ参仕する者がおり、たとえ不参加でもこの五巻日の捧物の提供者やその内容について記録する者がいて、関心が集中しており、その意識は南北朝期以降においても変わらないようである。
（22）明徳元年の八講については、「御筆御八講五巻日捧物」（柳原家旧蔵、宮内庁書陵部所蔵資料目録・画像公開システムに拠った）、応永二年については、『東山御文庫記録』「相国寺御八講第五巻日事」（『大日本史料』第七編第二冊）及び『実冬公記』応永二・四・一一に拠っている。
（23）義満は、康暦二（一三八〇）年一二月、父義詮の一周忌のために等持寺において武家八講を再興している（『空華日用工夫略集』康暦二・一一・七、一二・二～一二・七）。その後も至徳元（一三八四）年二月、足利直義の三十三回忌が等持院において行われているが（同前至徳元・二・二六）、具体的な法会の内容は知られない。
（24）『応安三年禁中御八講記』（『続群書類従』第二六下所収）、『大日本史料』第六編第三二冊（応安三・七・七）所収『兼治宿禰記』『愚管記』等。
（25）義満は、すでに応安元年に元服し征夷大将軍に就任していたが公卿にはなっておらず、この法会には参仕していない。
（26）宮内庁書陵部に伝わる『宸筆御八講記』は、花山院通雅（当時右大臣）の記録であり、応永期段階においても花山院家に伝来し、さらにこの明徳度の八講に際して、権大納言兼右大将として参加していた花山院通定がこの日記に基づいて先例を提供していたことが知られる（『荒暦』応永一二・四・二八）。

（27）嘉陽門院（礼子内親王、後鳥羽皇女）は生存しているはずであるが、捧物献上者には見えておらず、その理由は不明である。

（28）室町期の准后の問題については、安田歩「室町期の准后―室町殿と公家・寺家との一断面―」（『立命館史学』二六、二〇〇五）において詳細に論じられている。以下、安田氏の指摘はこの論文によっている。

（29）安田氏は、この記事に見える「宇治殿」について藤原忠実に比定されているが、頼通の可能性もあるのではないだろうか。頼通は治暦三（一〇六七）年一〇月、准后となり、承保元（一〇七四）年に薨じ、忠実は保延六（一一四〇）年六月に准后となったが、忠実の時代には、法親王以外に成人の親王はほとんどおらず、頼通の准后在任期には、俗体の敦賢親王（小一条院皇子）などがいる。

（30）樫山和民「准三宮について―その沿革を中心として―」（『書陵部紀要』三六、一九八四）。

（31）すでに触れた東南院宮観覚を含め、この時点で門跡ではあるが親王号を持たない皇族たちについて考証しておこう。表15の22の安井宮（安井門跡は仁和寺の蓮華光院のこと）は、後二条子孫（木寺宮）の康仁親王の子寛法かと考えられ、亀山皇子寛尊法親王の付法を受けている（『仁和寺諸院家記（恵山書写本）』『仁和寺史料　寺誌編二』所収）。24の勧修寺宮は、常盤井宮満仁親王の子尊興と考えられる。この尊興は、時期は不明であるが崇光院の猶子として准三后となっている。応永度に生存していながら捧物を献じたメンバーに入っていないのは、准三后になったのがこれ以降ということなのであろう。『大日本史料』（稿本）では、『勧修寺記』に拠り明徳二年三月に勧修寺長吏に補任され、准三后になったとするが疑問である。25の柳原宮は、すでに赤坂恒明氏が比定されているように（「柳原宮考―大覚寺統の土御門宮家―」『ぶい&ぶい』二七、二〇一四）、邦良親王の子邦世親王（康仁親王の兄弟）の孫にあたる邦満であろう。

（32）光厳は、康永二年四月一三日付の置文で、自分の子であり、「将来継体」に備えるべき者としている。

(33)『愚管記』康安二・九・九。深守については、注20大田氏著書第一部第一章に詳しい。

(34)明徳度の青蓮院宮は、「御筆八講五巻日捧物注文」(注22)では後光厳皇子の道円法親王とされているが、道円はすでに至徳二年三月に薨じており(『門葉記』)、その後、再び入道尊道親王が復帰したとされるが(稲葉伸道「南北朝・室町期の門跡継承と安堵—延暦寺三門跡を中心に—」、稲葉伸道編『中世寺社と国家・地域・史料』法蔵館、二〇一七)、尊道は、十楽院宮として見えており、明徳度の青蓮院宮は今のところ誰かわからない。

二条内親王は、後光厳皇女治子内親王と考えられる。『紹運録』では、「柳殿内親王」と呼ばれたことが注記されているが、『建内記』正長元・一・二〇に「…次向前藤宰相入道〔永藤、法名常允〕二条宿所、今日出家云々、次参柳殿〔御妹也〕、次向慶雲庵、次帰家」と見え、「二条」と「柳殿」が地理的に近い場所にあった可能性がある。後宇多が、南浦紹明に寄進し、龍翔寺となったという柳殿御所跡との関係も不明である。

(35)聖護院宮(覚増)は明徳元年一一月薨じている(『三井続灯記』第三)。

(36)『大日本史料』所引『柳原家記録』。

(37)この梶井門跡には、明承の後、いつの時点かは不明であるが、応永元年生まれの義満の子(鶴若丸、後の義嗣)が入っているので、すでにこの時点で入室を約されていたと考えられる。この辺りの事情については、注34稲葉氏論文に詳しい。

(38)明徳度の安井宮寛法(後二条子孫康仁親王子)は、明徳元年八月に薨じており(『系図纂要』)、安井門跡は、後光厳皇子寛教が継いだと推測される。

(39)『吉田家日次記』応永一〇・正・二六、正・二八。

(40)当該期の門跡についての理解は、永村眞「中世寺院と「門跡」」(永村眞編『中世の門跡と公武権力』戎光祥出版、二〇一七)参照。

(41)『看聞日記』応永二四・閏五・五、『東寺王代記』など。

(42)『続史愚抄』享徳二・一二・一八、一二・二一。

(43)『康富記』康正元・二・二八、一〇・二八。

(44)『師郷記』文安二・六・二七。

(45)『師郷記』文安三・三・二八、『建内記』文安四・三・一四。

(46)『皇親系』永正九・一一・二七、『宣胤卿記』永正一四・四・三〇。

(47)聖護院門跡であったこの人物は特定しにくいが、他の人々と異なり「宮」号が付されていないので親王ではないと考えられ、応永一八年七月に准三宮となっている道基の可能性が高い。ただし、道基は、応永度の八講の時点では僧正あたりかと考えられ、なぜこの位置に並べられたのか不明である。

(48)『実冬公記』応永二・四・一一。

(49)『経嗣公記』永徳三・正・二七。この記事には「日野中納言猶子云々、〔名字〕教子也」と見え、日野資教の猶子とされている。『尊卑分脈』には確かに資教の子に「典侍」「教子」の注記がなされた女子が見えているが、この資教の子孫の系譜には混乱があるようであり、この女子は『吉田家日次記』応永八・四・一二に「三品局〔故資俊卿息女、此七八ヶ年以前為日野大納言室嫁同宿、近年離別、同宿舎弟隆光云々〕」と見えている同じ日野流の武者小路資俊（資教の従兄弟で別流の教光の養子となった）の娘ではないだろうか。彼女は、応永元年頃から「日野大納言」つまり資教の妻となっていたが、近年離別して兄弟の隆光（資俊の嫡子）のもとに身を寄せているという女性である。永徳三年時には資教の猶子、応永元年頃から資教の妻というのは矛盾するようであるが、永徳三年時は、褰帳の典侍を勤めるにあたって、まだ父資俊は公卿でなかったため、権中納言の資教の猶子として典侍に補され（これは儀式の際だけの形式的なもの）、その後、義満の寵を失った後、資教の妻となったと考えれば矛盾はない。『尊卑分脈』に、資俊の女子として「典侍　従三」と付記される俊子がこの女性に該当しよう。

実は、もう一人可能性がある女性がいる。康子の前に義満の正室であった日野時光の娘で資教の姉妹にあたる業子である。八講の捧物の順序で康子の後になるのは、問題があるように思われるが、この応永二年の八講の前年に義満が行った日吉社参詣とそこで橋供養のために行われた法華八講に際の記録に「女中大方殿　寝殿御方〔杉生房御坐〕／新御所〔妙恩院御坐〕　中山殿〔御台〕」（『日吉社室町殿御社参記』応永元・九・一二）と見えており、「大方殿」紀良子に続き、当時「寝殿御方」と呼ばれていた康子、次に「新御所」（元服直前の義持）、さらに次の「中山殿」は、「御台」という注記があるので、業子かと考えられる（『教言卿記』応永一二・六・二七など）。これは捧物の記事ではないが、八講に参加した義満にとってもっとも重要な女性たちであり、相国寺の八講でもこのメンバーで参仕した可能性が高い。ただし、業子は、永徳元年に紀良子とともに従二位に叙せられており、「三位局」ではなく「二位局」でなければならないため、一応ここでは、資俊の娘教子（俊子）の方を採用した。後考を待つ。

（50）高鳥廉氏が義持・義教期について明らかにした「将軍家御連枝」の門跡たちの「尊貴性」は、この義満の構想が実現されていることを示すものであろう（『足利将軍家の政治秩序と寺院』吉川弘文館、二〇二二、第一部第一章）。

（51）義満そして室町殿と天皇・朝廷との関係は、当該期の重要なテーマであり、また天皇制を考えるためにも同様に重要な素材を提供していることは言うまでもない。ただ、その際、私たちが通史的にイメージしている天皇制に当てはめて理解しようとするのではなく、義満が当時、天皇や朝廷をどのように見ていたかを復元し、その上で検討すべきであろう。本書は、義満の見えていたそれが、いわば前代以来の「王家」ではなかったか、という視点に立って考察を試みたものである。

あとがき

　これまで公にした私の論稿で、本書と関係あるものとして「中世の宮家について―南北朝・室町期を中心に―」（『愛知学院大学人間文化研究所紀要・人間文化』二五、二〇一〇）と「中世の幼帝について」（『紫苑』一四、二〇一六）があげられよう。ただし、これらの論稿は、題名は本書の章立てと類似しているが、あくまで本書執筆のきっかけとなったにすぎず、初出論文もしくはその修正に位置づけられる訳ではない。材料はそのまま利用しているが、新たに収集したものの方が多く、かつそれらの分析についても、場合によっては、以前になした結論とは異なったものが本書で提示されることもあることを断っておきたい。ただし、それぞれの論文をなす時に持っていた別個の問題意識が、実は同じ問題を対象としているのではと気づき、それらを結びつけるために、これまでも先学によって検討されていた王家の概念に焦点を当て、再解釈を試みたわけである。

　本書を構想した動機については、もう一つある。それは、近年特に盛んになり、多くの成果が積み上げられている室町・戦国期の公武社会の研究を読む中で感じた一つの違和感である。私自身それらの研究から多くの知見を得ているが、そこで議論のベースとなっている朝廷や天皇・公家のイメージと中世前期からたどってくるそれとの間に何かずれがあるように感じたことである。平安時代から形骸化しながらも残されたものと中世社会が成熟する中で新たに加わったものが混在し、そして変容するそれが、南北朝時代の内乱を越えてどのように引き継がれていくのか、検討すべきことが少しあるように思われる。本書は、公武社会が本格的に形成され始める足利義満の時代に、義満の眼に見えていた天皇・皇族がどのような存在であったのかという点についていささか私見を述べてみたものである。

それにしても、平安時代、場合によってはそれ以前の時代からさまざまなものを受け継ぎ、失い、そして新たなものを背負い、無秩序といってもよい有様ながら、それでも機能し動き続けるこの朝廷（天皇・公家）という存在は、イメージとしてどこかで見たことがあると思ったら、宮崎駿監督のアニメ作品に登場する「ハウルの動く城」であった（突然すみません、宮崎アニメのファンなものですから）。がらくたを無秩序に積み上げただけのような巨大なそれは、図体に似合わない細い足でゆっくりと動き続け、魔法が解けてばらばらに分解しても、また小さくなって動き続ける不思議な存在である。

副題の「皇子たちの中世」は、中世の研究者ならすぐ気づくであろう。鎌倉期から室町期にかけての朝廷研究（特に南北朝期）で欠かすことのできない森茂暁氏の一連の著書の一つで、本書でも引用している『皇子たちの南北朝』を意識したものである。森氏は、九州大学の国史学研究室で一〇年先輩にあたり、共に川添昭二先生の薫陶を受ける中で、先生の門下生では数少ない朝廷研究の先達として、大学院以来、今に至るまでずっと学恩を蒙り、跡を追っかけてきた方である。本書が氏の研究のわずかな隙間を埋めることができれば幸いである。

末尾ながら、本書の編集を担当していただいた西之原一貴氏に感謝の言葉を付しておきたい。

二〇二三年五月五日　猫洞通の、とある珈琲店にて

松　薗　　斉

人　名　索　引

（親王・内親王・王・女王のみ）

松薗　斉（まつぞの　ひとし）

1958年東京都生。九州大学文学研究科博士後期課程満期終了退学、博士（文学）。愛知学院大学文学部教授、図書館情報センター館長。日本古代・中世史。『日記の家―中世国家の記録組織』吉川弘文館、1997年。『王朝日記論』法政大学出版局、2006年。『日記で読む日本中世史』（共編著）ミネルヴァ書房、2011年。『日記に魅入られた人々―王朝貴族と中世公家』臨川書店、2017年。『中世禁裏女房の研究』思文閣出版、2018年。

王朝時代の実像 15

中世の王家と宮家
皇子たちの中世

二〇二三年六月三十日　初版発行

著者　松薗　斉
発行者　片岡　敦
印刷・製本　亜細亜印刷株式会社

606-8204 京都市左京区田中下柳町八番地
発行所　株式会社 臨川書店
電話（〇七五）七二一―七一一一
郵便振替　〇一〇七〇―二―八〇〇

落丁本・乱丁本はお取替えいたします
定価はカバーに表示してあります

ISBN 978-4-653-04715-5　C0321　© 松薗　斉 2023
〔ISBN 978-4-653-04700-1　C0321　セット〕